AI 대전환 시대의 디지털 경영

고광범

〈 당신은 기술을 도입하는 리더인가?
조직을 움직여 끝까지 실행하는 리더인가? 〉

서강비즈니스북스
SOGANG BUSINESS BOOKS

박영사

프롤로그

AI 대전환 시대의 디지털 경영, 실행 전략을 다시 묻다

인공지능(AI)의 등장은 디지털 기술의 발전이 더 이상 단순한 효율성 개선에 머무르지 않음을 분명히 보여준다. 오늘날 AI는 기업의 생산성을 높이는 도구를 넘어, 비즈니스 모델의 구조와 조직의 의사결정 방식, 나아가 산업의 경쟁 질서 자체를 재편하는 핵심 동력으로 작용하고 있다. 우리는 이미 '디지털 혁신(Digital Transformation)'이라는 구호의 시대를 지나, AI 기반 실행 역량이 기업의 성패를 좌우하는 새로운 경쟁 국면에 진입했다. 그러나 현실은 기대만큼 낙관적이지 않다. 지난 수년간 수많은 기업이 클라우드와 AI 도입을 선언했지만, 상당수는 기대한 수준의 성과를 거두지 못했다. 파일럿 프로젝트는 성공했으나 조직 전체로 확산되지 못했고, 전략 문서는 존재했지만 실행은 지속되지 않았다. 이는 디지털 혁신의 성패가 기술의 수준이 아니라, 비즈니스 전략과 조직 실행 구조가 얼마나 정렬되어 있는가, 그리고 그것을 실제로 실행할 수 있는 역량을 조직이 갖추고 있는가에 달려 있음을 보여준다.

AI와 디지털 기술을 어떻게 실행 가능한 혁신으로 전환할 것인가?

이 책은 바로 이 지점에서 출발한다. 디지털 혁신은 단순한 디지털화(digitization)나 자동화(automation)의 문제가 아니다. 그것은 기업이 스스로의 비즈니스 모델을 재정의하고, 그에 부합하는 조직 구조,

인력 구성, 의사결정 체계, 문화적 기반을 재설계하는 과정이다. 그리고 이 과정은 기업이 처한 비즈니스 모델의 특성과 혁신의 목적에 따라 전혀 다른 실행 전략을 요구한다. 모든 기업에 동일하게 적용되는 보편적 해법은 존재하지 않는다.

필자는 본서에서 20여 년간 디지털 · AI 혁신 컨설팅 현장에서 경험한 사례와, 마이크로소프트에서 목격한 글로벌 기업들의 혁신 과정을 비교 · 분석하여, 기업 상황에 따라 어떤 실행 전략이 효과적인지를 체계적으로 정리하고자 하였다. 특히 '비즈니스 모델(신규/기존)'과 '혁신의 초점(Value 중심/업무 중심)'이라는 두 축을 기준으로 디지털 혁신을 네 가지 유형으로 구분하고, 각 유형별로 상이한 실행 원칙과 조직 설계 방안을 도출하였다. 이는 단순한 이론적 분류가 아니라, 다수의 성공과 실패 사례를 교차 분석하여 도출한 실천적 프레임워크다.

분석 결과는 분명하다. 성공적인 디지털 · AI 혁신에는 몇 가지 공통 원칙이 존재한다.

첫째, 비즈니스 성과와 연결된 명확한 비전과 목표

둘째, 데이터와 기술을 전략과 정렬시키는 실행 로드맵

셋째, CEO와 중간관리자가 하나의 방향성을 공유하는 리더십과 체계적인 변화 관리

넷째, 파일럿 성공을 조직 전반으로 확산시키는 스케일업 전략

특히 AI 시대에는 '도입'보다 '확산'이 더욱 중요해졌다. AI 기술의 발전 속도는 매우 빠르며, 필자 역시 현장에서 그 변화를 체감하고 있다. 본서에 담긴 사례들은 최신성을 담보하기 위해 노력했지만, 출간 시점인 2026년에도 일부 사례가 이미 과거의 이야기처럼 느

껴질 만큼 기술 환경은 급격히 진화하고 있다. 그러나 한 가지는 변하지 않는다. 생성형 AI와 데이터 기반 의사결정 시스템은 특정 부서의 성과로 끝나서는 의미가 없다는 점이다. 그것이 조직의 일상적인 의사결정과 업무 프로세스에 내재화될 때 비로소 경쟁 우위로 전환된다.

따라서 디지털 혁신은 IT 프로젝트가 아니라, 조직 행동과 문화 변화를 동반하는 체계적인 조직변화관리의 문제다. 기술은 촉매일 뿐, 혁신의 본질은 실행 구조와 조직 역량에 있다.

이 책은 단순한 성공 사례 모음집이 아니다. AI 시대를 살아가는 경영자와 실무자가 자사의 맥락에 맞는 혁신 전략을 설계하고 실행할 수 있도록 돕는 전략적·실천적 가이드다. 독자는 이 책을 통해 다음과 같은 질문에 답할 수 있을 것이다.

- 우리 기업은 어떤 디지털 혁신 유형에 허당하는가?
- 어디서부터 시작해야 실패 가능성을 줄일 수 있는가?
- AI 파일럿을 어떻게 조직 전반의 실행 체계로 확산시킬 수 있는가?
- 리더십과 조직 구조는 어떻게 정렬되어야 하는가?

AI는 더 이상 전략의 보조 수단이 아니다. 그 자체가 경쟁 전략의 중심이 되고 있다. 그러나 기술을 먼저 도입한다고 해서 경쟁력이 자동으로 확보되는 것은 아니다. 전략과 실행, 조직과 문화가 함께 재설계될 때만 기술은 실질적인 성과로 전환된다.

결국 AI 대전환 시대의 디지털 경영은 최신 기술을 얼마나 빠르게 채택했는가의 문제가 아니다. 조직이 학습하고 변화하며, 실행 구조를 지속적으로 고도화할 수 있는 역량을 갖추었는가의 문제다.

필자는 이 책이 그 여정에서 기술과 전략, 조직과 실행을 연결하는 하나의 이정표가 되기를 바란다. 그리고 독자 스스로가 다음의 질문을 던져보기를 기대한다.

AI가 전략의 일부가 아니라 전략 그 자체가 되어가는 이 시대에, 당신의 조직은 준비되어 있는가? 당신은 기술을 도입하는 리더인가, 아니면 조직을 움직여 끝까지 실행하는 리더인가?

2026년 4월
저자 고광범

AI를 얼마나 잘 활용하느냐가 곧 조직의 경쟁력을 결정하는 시대다. 이 책은 그 본질을 정확히 짚어낸다. 수많은 기업이 AI와 클라우드를 도입하고도 기대한 성과를 내지 못한 이유를 냉정하게 분석하고, 실제 조직에서 작동하는 실행 전략을 제시한다. 전략, 조직, 리더십, 변화 관리까지 유기적으로 연결한 이 책은 AX/디지털 혁신을 고민하는 경영자와 실무자 모두에게 실질적인 방향을 제시한다.

—SK네트웍스 최성환 총괄사장

많은 기업이 AX와 디지털 혁신을 이야기하지만, 이를 조직 전체의 성과로 연결시키는 데에는 여전히 어려움을 겪고 있다. 저자는 AI 실행과 확산의 문제를 체계적으로 풀어내며, 다양한 현장 경험과 사례를 통해 현실적인 해법을 제시한다. AI와 디지털 혁신을 단순한 기술 도입이 아닌 조직 변화의 과정으로 연결한 통찰이 인상적이다.

—EY Asia East Consulting Leader & EY Korea 컨설팅 김정욱 대표

디지털전환의 성패가 디지털 기술 도입 여부가 아니라 실행 구조와 조직 역량에 달려있다는 이 책의 메시지는 매우 설득력이 있다. 저자가 제시한 AI 대전환 시대의 디지털 혁신의 유형화 프레임워크는 독자 스스로 조직을 진단하고 디지털전환 전략을 설계하는 데 유용한 기준이 될 것이다.

—서강대학교 김용진 교수

AI와 디지털 혁신을 다룬 책은 많지만, 실제 기업의 실행 현실을 이처럼 구체적으로 다룬 책은 드물다. 저자는 오랜 현장 경험과 글로벌 사례를 바탕으로, AI 시대에 기업이 선택해야 할 전략과 조직 설계를 명확하게 제시한다.

—원티드 이복기 대표

조직의 미래를 고민하는 리더라면 반드시 읽어야 할 책이다. 이 책은 단순한 해법이 아닌, 실제 현장에서 검증된 실행의 방향을 제시한다. AI가 일상이 된 시대, 기업은 어떻게 경쟁력을 확보할 것인가. 그 해답이 이 책에 담겨 있다.

—네이버파이낸셜 박상진 대표

제2장

WHAT:
AI시대 디지털 혁신의 개념 및 핵심 요소는?　33

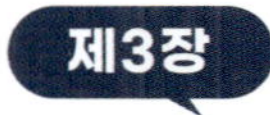

WHY:
디지털 혁신이 필요한 이유

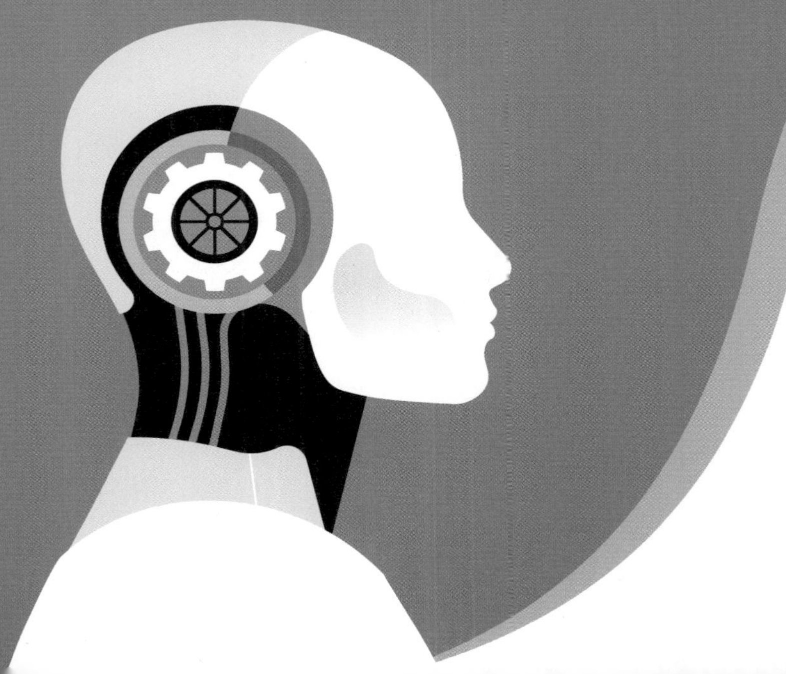

제1절

배경 및 중요성

코로나19(COVID-19)를 계기로 은행 거래, 온라인 장보기, 재택근무가 급속히 확산되면서 디지털 혁신은 많은 기업에서 여전히 중요한 화두로 자리 잡고 있다. 과거에도 IT · 디지털 기술을 활용한 기업 경영 혁신이 지속적으로 논의되어 왔지만, 최근에는 ChatGPT의 등장으로 촉발된 생성형 AI의 발전이 AI를 기반으로 한 디지털 혁신을 가속화하고 있다. 이러한 변화는 단일 기술의 진보에 그치는 것이 아니라, 다양한 기술 발전과 사회 · 경제적 환경 변화가 복합적으로 작용한 결과라고 볼 수 있다.

저장 공간 비용, 데이터 처리 기술의 발전 및 비용 감소, 통신 기술의 발전 등으로 무한한 디지털 자산 활용이 가능해지면서 기업이 디지털화와 전환 가속화를 실행하기 쉬운 환경이 만들어졌다(그림 1).

우선, 디지털과 관련된 "무어의 법칙(Moore's Law)"은 반도체의 집적 회로 성능이 18개월마다 2배로 증가한다는 이론으로, 세계 유수 반도체 회사인 인텔의 공동 창업자인 Gordon E. Moore가 1965년도에 발표했다. 이는 마이크로칩 기술의 발전 속도에 관한 것으로서 컴퓨터의 성능은 거의 5년마다 10배, 10년마다 100배 개선된다는 내용을 포함하고 있다. 이 법칙은 컴퓨터의 처리 속도와 메모리 양은 2배로 증가하고 비용은 상대적으로 떨어지는 효과를 가져왔다. 실제로 백만 트랜지스터당 전산 비용이 1995년도 222불에서 2015년에는 0.01달러로 감소하였다(GSA, 2015). 과거에는 전산 처리 기술과 비용의 제약으로 생산 설비, 온라인 고객 접점에서 발생하는 다양한 거래 데이터 등을 통한 다양한 분석이 어려웠다. 대량 데이터 분석을 위한 처리 기술 지원이 미비했고, 분석을 위한 솔루션 기술에 상당히 고비용을 지급해야 했기 때문으로 해석된다. 하지만 최근 AWS(Amazon Web Service), 마이크로소프트와 같은 클라우드(Cloud) 업체에서 클라우드 기반의 분석 솔루션 제공이 가능해지면서, 더 많은 기업이 편하게 디지털 분석 기술을 접할 수 있는 시대가 도래하였다.

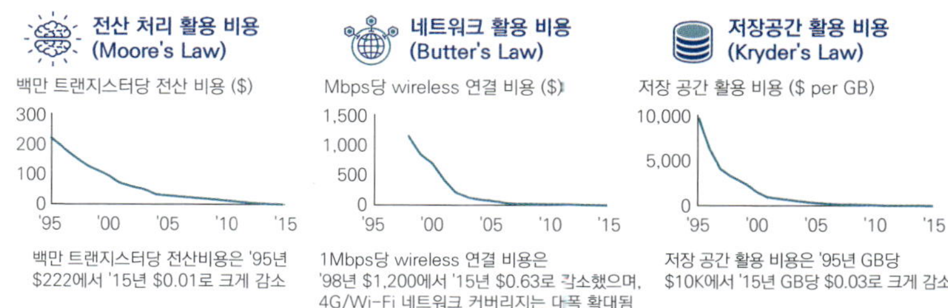

　　미국 Bell Lab 연구소의 연구원이었던 Gerry Butter 박사는 정보를 전달하는 비용이 9개월마다 반으로 줄어든다는 이론을 주장했다. 1 Mega BPS당 무선(Wireless) 연결 비용은 1998년 1,200달러에서 2015년에는 0.63달러로 감소하고, 4G·WiFi 네트워크 구축은 이미 우리나라의 많은 지역에서 실행되어 해외 많은 국가에서 서비스 확대를 구축하고 있다(GSA, 2015).

　　대한민국은 이미 2018년도 평창동계올림픽에서 5G 시범 서비스를 성공적으로 진행했으며, 이미 국내 통신 3사(SK텔레콤, KT, LG U+)에서는 5G 단말기와 다양한 요금제를 구비해 5G 통신의 확대에 힘쓰고 있다. 통신망 확대를 위한 요금 인하도 진행하고 있다. 5G 네트워크는 4G 네트워크 대비 데이터 용량은 1,000배 많고, 속도는 200배 빠른 이동 통신이다. 5G 네트워크가 가진 강점은 지연성 감소(Latency), 체감 전송률 향상(User Experience Rate)에 있다. 5G 네트워크가 확대되면 증강 현실, 가상 현실, 실시간 온라인 게임, 자율주행 등과 같은 다양한 실시간 및 인터렉티브(Interactive) 미디어, 콘텐츠 서비스가 증가할 수 있으며, 이를 활용한 다양한 신규 사업 기회 및 내부 효율성 개선을 위한 디지털 혁신이 폭발할 것으로 예상한다.

약 10여 년 전까지만 해도, 파워포인트 문서나 비디오 영상과 같은 대용량 데이터를 보관하기 위해서는 SanDisk와 같은 외장 하드를 별도로 구매하는 것이 일반적이었다. 그러나 2025년 현재 데이터 저장은 대부분 클라우드 기반 인프라로 전환되었으며, 대용량 데이터 보관 비용은 더 이상 기업의 의미 있는 제약 조건이 아니다. 과거에는 데이터 저장 공간이 물리적 디스크와 같은 하드웨어 중심 비용 구조를 가지며 부담이 컸지만, 클라우드 스토리지 서비스의 확산과 경쟁으로 저장 비용 구조가 크게 변화했다.

한때 데이터 저장은 매우 높은 비용으로 간주되었는데, 예를 들어 1995년 기준으로 1GB(GigaByte)당 약 10,000달러 수준이었으며, 2015년에는 1GB당 약 0.03달러까지 급격히 감소하였다(GSA, 2015). 최근 2024~2025년 클라우드 스토리지 시장을 보면, 일부 퍼블릭 클라우드 서비스의 경우 수십~수백 테라바이트(TB) 규모 저장에서 1GB당 월 몇 센트 수준의 비용으로 데이터 저장이 가능하다.

이와 같은 저장 비용의 급격한 하락은 클라우드 기술의 확산과 경쟁 심화에 기인하며, AI 시대에는 더 큰 의미를 가진다. AI 기반 애플리케이션은 대규모 데이터를 학습·추론·모델 개선에 반복적으로 활용해야 하기 때문에 저장 공간과 처리 비용이 중요하다. 과거에는 대용량 데이터 저장 비용이 AI 도입의 큰 장애 요소였으나, 현재는 클라우드 기반 스토리지 비용이 낮아짐에 따라 데이터 확보·축적·거버넌스의 지속적인 운영이 가능해졌다. 실제로 글로벌 데이터 총량은 2025년까지 200ZB(제타바이트)를 넘어설 것으로 전

망되며, 이는 데이터 저장 인프라가 비용 구조뿐 아니라 운영상의 필수 인프라로 자리 잡았음을 보여준다.

또한 클라우드 스토리지가 일반화되면서 개인과 기업 모두 다양한 구독형 저장 옵션을 활용하고 있다. 예컨대 Apple iCloud, 네이버 클라우드, Google Drive 등은 월 단위로 대용량 데이터 저장을 제공하며 사용자 중심의 공유·동기화 기능을 제공한다. 이러한 클라우드 저장 서비스는 물리적 저장 장치 구매·관리 부담을 제거하고, 데이터를 빠르게 접근·배포할 수 있는 IT 인프라의 기초로 자리 잡았다.

데이터 저장 공간 활용 비용은 과거 주요 경영 부담 요소에서 벗어나, AI 시대 디지털 혁신의 기반 인프라로 기능하고 있다. 비용 부담이 낮아진 만큼, 기업은 데이터를 중심으로 한 AI 학습·추론·운영 사이클을 상시 운영할 수 있게 되었으며, 이는 디지털 혁신과 의사결정 지능화의 핵심 동인이 되고 있다.

2 광범위하게 전 산업 가치 사슬에 퍼지는 디지털화

이미 디지털 기술은 산업 대부분을 송두리째 변화시키고 있다. 특히 음악, 미디어 산업뿐만 아니라 코로나19 이후 아마존, 쿠팡으로 대표되는 디지털 기술로 무장한 신유통 산업은 산업군 내 기존 업체의 입지를 약화하고 있다.

 디지털이 바꾼 산업 내 기업의 입지

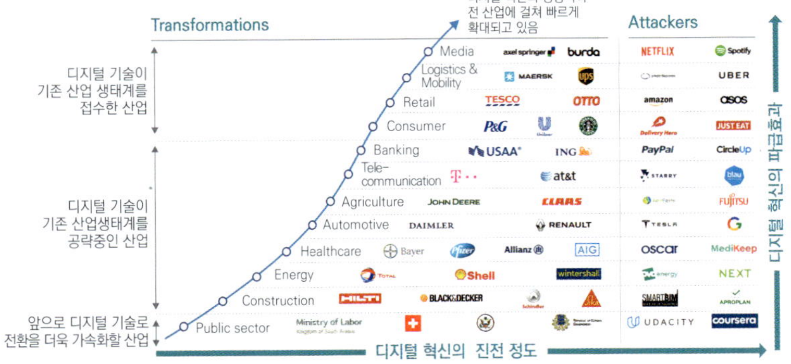

특히, 음악 산업은 디지털 스트리밍 중심 구조가 더욱 공고해지며, 스트리밍 음원이 글로벌 음반 산업 매출의 압도적 비중을 차지하게 되었다. 국제음반산업협회(IFPI)가 2024년 3월 발표한 'Global Music Report 2024'에 따르면, 2023년 전 세계 음반 산업 매출은 전년 대비 약 10% 성장한 약 290억 달러 수준으로 집계되었으며, 이는 역대 최고 기록이다. 특히 디지털 스트리밍이 전체 매출의 약 67~70% 이상을 차지하며 산업 성장을 견인하고 있다.

2004년 이후 침체기를 겪던 글로벌 음악 산업은 MP3 플레이어 출시 이후에 음원을 다운로드하는 시장에서 이제는 스포티파이, 멜론 등 음악 전문 스트리밍 업체에 잠식당하는 격변기를 지나 본격적인 스트리밍 플랫폼의 확산과 구독 기반 모델의 확대에 힘입어 꾸준한 성장을 이어가며, 2024년 말 기준으로 명확한 '스트리밍 주도 산업'으로 완전히 전환된 모습을 보여주고 있다.

음악 산업의 파괴적 혁신을 이끄는 원동력은 디지털 스트리밍 서비스다. 인터넷 기반으로 실시간 전송되는 스트리밍 서비스는 단순 스트리밍에서 AI 기반으로 고객의 취향을 맞춘 맞춤형 큐레이션 서비스와 매월 월정액을 납입해 내 취향에 맞는 음악을 무한대로 들을 수 있는 '구독경제' 모델을 접목, 2024년 전 세계 기록음악(Recorded Music) 매출은 296억 달러로 전년 대비 4.8% 증가했고, 이 중 스트리밍이 69.0%를 차지했다. 유료 구독 스트리밍 매출은 9.5% 늘었고 광고 기반 스트리밍은 1.2% 증가했으며, 유료 구독자는 연말 기준 7억 5,200만 명에 이르렀다. 스트리밍이 산업 성장을 견인하는 흐름은 더욱 공고해졌다. 디지털 기술이 산업을 재편하는 사례는 음악 시장을 넘어 다양한 분야로 확산되고 있다.[1]

영화·콘텐츠 미디어 산업은 넷플릭스가 디즈니, HBO 등의 전통 미디어 방송 업체와 경쟁해 OTT(Over-The-Top) 서비스 및 콘텐츠 제작 산업에서도 경쟁하고 있으며, 국내 유통·금융 분야에서도 쿠팡, 카카오뱅크로 대표되는 디지털 신기술로 무장한 기업이 직관적이고 차별적인 고객 경험 및 시공간을 넘어서는 편리함을 무기로 전통 유통·금융 회사를 위협하고 있다.

3 상상을 현실로 만드는 기술 접목 가능성 확장

미국 드라마 〈전격 Z 작전〉에 등장하는 운전자 없이 스스로 움직이는 '키트'는 오랫동안 허구의 상상 속 존재로 인식되어 왔다. 그러

---

[1] IFPI, Industry Data (2024) − "2024년 스트리밍 비중 69.0%, 유료 구독자 7억 5,200만 명" 등. IFPI IFPI 보도자료(2025.03.19) − "2024년 전 세계 기록음악 매출 + 4.8%, 유료 구독 스트리밍 + 9.5%, 광고 기반 +1.2%". IFPI Sony Music 요약 기사(2025.03.19) − "2024년 총 매출 296억 달러.

나 '테슬라'라는 신생 미국 전기자동차 기업은 전기 기반 구동 시스템, LTE 통신 칩을 통한 상시 연결성, 레이더·라이더 기반 사물 인식 기술, 지도 API, 그리고 AI 알고리즘을 유기적으로 결합함으로써 자율주행 차량을 현실 세계에 구현해냈다.

이는 단일 기술의 혁신이 아니라, 여러 기술이 동시에 성숙하고 결합 가능한 상태에 도달하면서 '상상 속 개념이 실제 제품과 서비스로 전환될 수 있는 환경이 마련되었기 때문이다. 1980년대에는 기술적·비용적 제약으로 구현이 어려웠던 무인 자동차가, 오늘날에는 디지털 기술과 AI의 접목 가능성이 확장되면서 현실적인 비즈니스 모델로 전환된 것이다. 이 사례는 AI 대전환 시대의 디지털 경영이란, 새로운 상상을 만들어내는 것이 아니라, 기존의 상상을 실현 가능하게 만드는 기술 결합의 범위가 확장되는 과정임을 보여준다.

<table>
<tr><td>4</td><td>MZ세대로 대변되는 모바일 신인류의 부상과
경제 주체로의 전환</td></tr>
</table>

2013년 3월, 전자책의 폭발적인 인기를 분석한 조선일보 인터뷰에서는 스마트폰과 태블릿 기기의 보급 확대가 전자책과 웹툰 콘텐츠 성장의 핵심 요인이 될 것이라 예견한 바 있다(박순찬, 2013). 이 분석은 단순히 디바이스 보급의 확산뿐만 아니라, 젊은 세대의 콘텐츠 소비 습관 자체가 변화하고 있다는 점을 강조했다.

밀레니얼 세대와 Z세대로 대변되는 이른바 '모바일 신인류'는 말보다 문자 메시지나 메신저 기반 소통에 익숙하고, 텍스트보다 영상 콘텐츠에 친숙하며, PC보다 스마트폰을 중심으로 정보 탐색과 의사결정을 수행하는 세대다. 모바일 신인류란 디지털 기술을 도구가 아닌 생활 환경으로 인식하며 성장한 첫 세대라고 정의할 수 있다.

중요한 변화는 이들이 더 이상 소비의 일부를 담당하던 학생 집단에 머물지 않고, 본격적인 경제활동 인구로 편입되며 소비의 주체를 넘어 생산과 의사결정의 중심으로 이동하고 있다는 점이다. 2010년대 초반 모바일 신인류가 '새로운 소비자'로 주목받았다면, 현재는 조직과 시장에서 가치 창출을 주도하는 핵심 경제 주체로 자리 잡고 있다.

이러한 모바일 신인류는 X세대로 대표되는 기존 40~50대 세대와 업무 방식과 조직 수용 태도에서 구조적인 차이를 보인다. 직관적인 UX·UI, 빠른 피드백, 수평적 소통 구조에 익숙한 이들에게 복잡한 PC 기반 시스템과 위계적인 의사결정 구조는 생산성을 저해하는 요소로 작용할 수밖에 없다.

결국 모바일 신인류가 기업 조직의 주류 인력으로 편입되는 시점에서, 디지털 경영과 업무 방식의 전환은 선택의 문제가 아니라 조직 생존과 경쟁력을 좌우하는 필연적 과제라고 볼 수 있다.

네이버·카카오 등과 같은 디지털 플랫폼 사업자 기반의 새로운 경쟁 세력 출범

주식 투자자라면 한때 'FAANG'이라는 용어를 통해 미국 기술주의 흐름을 이해하던 시기를 기억할 것이다. 페이스북(Facebook 현 Meta), 아마존(Amazon), 애플(Apple), 넷플릭스(Netflix), 구글(Google)로 구성된 FAANG은 2010년대 중반 미국 증시 상승을 이끈 대표적인 기술기업군이었다.

그러나 2025년 현재, 시장의 중심축은 단순한 기술기업의 집합을 넘어 디지털 플랫폼을 기반으로 한 새로운 경쟁세력으로 보다 명확하게 재편되고 있다. 투자자들은 이제 마이크로소프트(Microsoft), 애플(Apple), 아마존(Amazon), 알파벳(Alphabet), 메타(Meta), 엔비디아(NVIDIA), 테슬라(Tesla)로 구성된 이른바 'Magnificent Seven'[2]을 통해 미국 기술주의 방향성을 읽고 있다. 이들 기업의 공통점은 기술 그 자체보다도, 방대한 사용자와 데이터를 축적한 플랫폼을 중심으로 산업 전반에 영향력을 확장하고 있다는 점이다.

특히 생성형 AI의 본격적인 상용화와 함께, AI 반도체와 컴퓨팅 인프라를 주도하는 엔비디아(NVIDIA)는 단순한 기술 공급자를 넘어 AI 생태계를 떠받치는 핵심 인프라 사업자로 부상했다. 이는 경쟁의 무게중심이 개별 서비스나 플랫폼 경쟁을 넘어, 연산 능력과 데이터, 그리고 모델 학습 인프라를 누가 지배하느냐의 문제로 이동하고 있음을 보여준다.

---

2 AI, 클라우드, 플랫폼, 반도체, 전기차 등 차세대 기술 패러다임을 주도하며, 미국 증시의 수익률과 방향성을 좌우하는 7대 기술 기업군을 의미한다 (Microsoft, Apple, Amazon, Alphabet, Meta, NVDIA, Tesla).

코로나19 팬데믹 이후 가속화된 디지털 전환은 이러한 변화를 더욱 공고히 했다. 그 결과 AI, 클라우드, 반도체를 중심으로 한 소수의 디지털 플랫폼 기업들은 글로벌 경제와 자본시장의 구조적 성장을 견인하는 핵심 축으로 자리매김하고 있다.

이러한 맥락에서 애플, 구글, 아마존, 네이버와 같은 디지털 플랫폼 사업자들이 시장과 투자자들로부터 지속적인 관심과 지지를 받는 이유는 분명하다. 이들은 과거 전통 기업들이 오랜 시간에 걸쳐 도전해야 했던 신사업 확장을, 상대적으로 낮은 추가 투자와 기존 플랫폼을 통해 확보한 고객 기반을 활용해 훨씬 용이하게 추진할 수 있기 때문이다. 예를 들어 네이버는 검색과 콘텐츠 플랫폼을 기반으로 간편결제 서비스인 네이버페이로 자연스럽게 확장했고, 카카오 역시 전 국민이 사용하는 모바일 메신저 플랫폼을 바탕으로 인터넷 전문은행인 카카오뱅크를 설립해 2017년 출범 이후 꾸준한 성장을 이어왔다. 그 결과 2025년 2분기 말 기준 카카오뱅크의 고객 수는 약 2,586만 명에 이르며, 플랫폼 기반 신사업 확장의 대표적인 사례로 자리 잡고 있다.

디지털·IT 신기술로 무장한 디지털 플랫폼 업체는 이미 전통 기업의 새로운 경쟁 세력으로 부상했다. 우버는 기존 택시 사업이 영위하고 있던 개인 고객 운송 서비스업에 진출해 전통 택시 운수 사업을 위협하고 있다. 특정 국가에서 법률·규제로 보호를 하지 않는

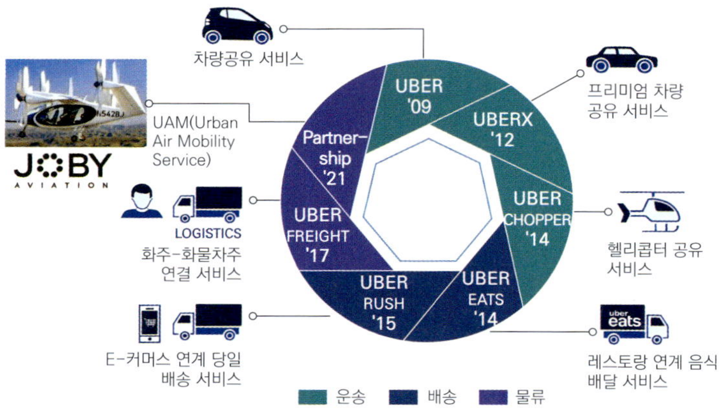

한 이미 전통 개인 고객 운송 산업을 송두리째 바꾸고 있다. 차량 공유 서비스로 시작한 우버의 사업은 우버가 가지고 있는 고객과 드라이버를 연결하는 AI 기반의 물류-고객 매칭 플랫폼을 기반으로 프리미엄 차량 공유 서비스, 레스토랑 연계 음식 배달 서비스, 이커머스 연계 당일 배송 서비스, B2B 물류 서비스로 그 외연을 손쉽게 확대하고 있다. 2020년도 국제전자제품박람회(CES)에서 현대차와 함께 개인 비행체 콘셉트를 공개해 도심 항공 모빌리티 시장(Urban Air Mobility) 진출 파트너십을 발표한 우버의 공격적인 사업 확장은 물류-운송산업에서 태풍의 핵이다(유한일, 2023). 2020년 국제전자제품박람회(CES)에서 우버는 현대자동차와 함께 개인 비행체(Personal Air Vehicle) 콘셉트를 공개하며 도심 항공 모빌리티(Urban Air Mobility, UAM) 시장 진출을 선언하였다. 당시 우버는 '우버 엘리베이트(Uber Elevate)'라는 조직을 설립하고, eVTOL(전기 추진 수직이착륙기)을 기반으로 한 항공 승차 공유 서비스를 구상하였다. 고객이 모바일 앱을 통해 차량 호출하듯 하늘을 나는 택시를 예약하고,

집에서 우버 차량을 타고 스카이포트(이착륙장)로 이동한 뒤, 비행을 통해 목적지 인근까지 이동한 후 다시 지상 차량으로 연결되는 통합 모빌리티 서비스를 구현하겠다는 비전이었다.

이러한 우버의 전략은 지상과 공중을 연결하는 새로운 모빌리티 생태계를 구축하려는 시도로 주목받았다. 그러나 이후 우버는 항공기 자체의 개발 및 운용보다는, 플랫폼 중심의 통합 전략으로 방향을 전환하였다. 2021년, 우버는 엘리베이트 사업부를 항공기 제조 스타트업인 Joby Aviation에 매각하였으며, 이를 통해 기술적 협력 관계를 구축하고 향후 항공 모빌리티 서비스를 우버 앱 내에 통합하기 위한 기반을 마련하였다.

2025년 현재, Joby Aviation은 도심 항공 운송 전문 기업 Blade Air Mobility의 여객 사업을 인수하였고, 이를 우버 플랫폼과 연동하여 항공 이동 서비스를 직접 제공할 계획을 공식 발표하였다. 이로써 우버는 eVTOL 운항을 직접 담당하기보다는, 지상 교통과 항공 교통을 연결하는 모빌리티 허브 플랫폼의 역할을 강화하는 전략으로 진화하였다.

우버의 이러한 변화는 단순히 항공 이동 수단을 추가하는 것을 넘어, 도시 내 이동의 패러다임을 '지상 중심'에서 '공중 연계형 플랫폼'으로 확장하려는 시도로 평가된다. 즉, 우버는 과거의 '하늘을 나는 택시'라는 기술 중심의 비전에서 벗어나, 다양한 교통 수단을 통합·연결하는 서비스 중심의 플랫폼 기업으로 재정의되고 있는 것이다.

IT혁신에서 AI혁신으로

앞서 1절에서는 디지털 혁신의 배경과 필요성을 살펴보았다. 이 절에서는 전통적인 IT 혁신이 어떻게 발전해 왔는지와 AI 시대 혁신이 어떤 점에서 본질적으로 다른지 비교하고, 이러한 변화가 기업 전략과 리더십에 어떤 함의를 주는지 살펴본다.

20세기 후반부터 21세기 초반까지 기업들은 전자자료 처리와 네트워크 기술을 기반으로 지속적인 업무 혁신을 추진해 왔다. 1990년대 삼성전자가 국내 최초로 ERP(Enterprise Resource Planning) 시스템을 도입한 것을 시작으로, 2000년대 초반 인터넷 확산과 함께 e비즈니스가 화두로 부상했고, 이후 SCM(Supply Chain Management)과 CRM(Customer Relationship Management) 등 다양한 IT 기반 혁신이 이어졌다. 이러한 변화의 핵심은 사람 중심의 프로세스를 시스템으로 표준화하고 자동화함으로써 업무 효율성을 높이는 것이었다. 즉, 디지타이제이션(Digitization)—아날로그 방식의 업무를 디지털 시스템으로 전환하는—과정에 집중했고, 그 효과는 기존 프로세스의 시간·비용 절감에 한정되는 경우가 많았다.

그러나 2020년 이후 생성형 AI와 대규모 언어모델의 등장은 이러한 패러다임을 근본적으로 바꾸고 있다. AI 시대의 디지털 혁신은 데이터 학습과 추론을 통해 의사결정 자체를 지능화하는 단계로 진입하고 있으며, 이는 단순한 IT 도입을 넘어 비즈니스 모델과 조직의 운영 방식을 재정의하는 과정을 요구한다. 과거 IT 혁신이 업무 효율과 프로세스 개선에 초점을 맞췄다면, AI 기반 혁신은 인간의 판단을 보조하고 때로는 대체할 수 있는 시스템을 통해 고객 경험, 제품 설계, 서비스 제공 방식을 새롭게 디자인한다. 이러한 변화는 '디지타이제이션'에서 '디지털라이제이션'(Digitalization)으로의 전환, 즉 디지털 기술을 활용해 완전히 새로운 비즈니스 모델을 창출하거나 비즈니스 방식 자체를 전환하는 것을 의미한다.

기술 주도권의 구조도 크게 변하고 있다. 과거에는 IBM, 마이크로소프트, 오라클, SAP 등 소수의 글로벌 IT 대기업(Big Vendor)이 기업용 IT 시장을 지배했지만, 오늘날에는 오픈소스 기반의 AI 모델과 클라우드 인프라, 그리고 이를 민첩하게 활용하는 스타트업과 기술 기업들이 새로운 경쟁의 중심으로 부상했다. 경쟁력의 핵심은 어떤 솔루션을 도입했는지가 아니라, 얼마나 많은 양질의 데이터를 확보하고 이를 얼마나 빠르게 학습·활용할 수 있는가에 달려 있다. 생성형 AI의 등장 이후, 데이터·AI 모델·플랫폼·파트너가 상호 학습하며 진화하는 디지털 생태계 단위의 경쟁이 중요해졌으며, 이러한 생태계를 설계하고 운영하는 역량이 기업 전략의 핵심 과제로 떠오르고 있다.

따라서 AI 시대의 디지털 혁신은 더 이상 IT 부서만의 과제가 아니라 기업 전략, 조직 구조, 의사결정 체계를 포괄하는 문제로 확장되고 있다. 최고경영진은 어떤 데이터를 축적하고 어떤 AI 모델과 플랫폼을 연결할 것인지 결정하고, 내부 조직과 외부 파트너를 어떻게 조율할지 설계해야 하는 디지털 생태계 오케스트레이터의 역할을 수행해야 한다. AI 혁신이 단순한 기술 도입 수준에 머물면 일회성 프로젝트로 끝날 위험이 크며, 전략적 비전과 실행 로드맵, 문화적 변화를 함께 추진해야 비로소 지속 가능한 경쟁 우위를 확보할 수 있다.

이처럼 IT 혁신에서 AI 혁신으로의 전환은 기술적 차원뿐 아니라 전략·조직·문화적 차원의 변화를 필요로 한다. 다음 절에서는 이러한 변화가 특히 대한민국 기업들에 왜 필수적인지, 한국 시장의 특수성과 AI 시대의 도전에 대해 살펴본다(그림 4).

*출처: Matt Turck, Demi Obayomi and FirstMark Capital

제3절

대한민국에서 AI 시대, 디지털 혁신이 필요한 이유

앞서 IT 혁신에서 AI 혁신으로의 전환이 기술적 차원뿐 아니라 전략·조직·문화적 변화를 요구한다는 점을 확인했다. 그렇다면 이러한 전환이 특히 대한민국 기업들에게 왜 필수적인가? 그 이유는 다음과 같이 다섯 가지로 요약된다.

1 **산업 전반의 경쟁 구조 변화와 디지털 생태계 전쟁**

디지털 기술은 더 이상 특정 산업에 국한되지 않고 산업 전반의 경쟁 구도를 근본적으로 뒤흔들고 있다. 미디어·유통 산업에서 디지털 기업이 주도권을 장악한 것은 물론, 금융·제조·헬스케어 등 다양한 산업에서도 전통 기업과 디지털 기술로 무장한 새로운 기업 간의 생태계 경쟁이 본격화되고 있다. 생성형 AI의 등장 이후에는 데이터·AI 모델·플랫폼·파트너가 상호 학습하며 진화하는 지능 생태계가 경쟁력의 핵심이 되었다. 전통 기업이 AI와 디지털 혁신에 선제적으로 대응하지 못하면, 빠르게 확장하는 생태계 경쟁에서 뒤처져 중장기적인 경쟁력 확보가 어려워질 것이다.

2 **5G와 AI가 만드는 새로운 비즈니스 기회**

국내외 통신사는 초고속·초저지연의 5G 인프라 구축에 막대한 투자를 완료하였으며, 이는 단순한 네트워크 고도화를 넘어 대규모 데이터 수집과 실시간 AI 분석을 가능하게 하는 기반 인프라로 작동한다. 5G와 생성형 AI의 결합은 자율주행, 스마트시티, 원격의료 등 새로운 디지털 서비스와 비즈니스 모델을 현실화하는 핵심 토대가 되고 있으며, 통신 인프라 투자비를 회수하기 위한 AI 기반 신규 사업 모델 발굴도 필수 과제로 떠오르고 있다. AI 혁신에 적극적으로 나서지 않는 기업은 이러한 융합 기회를 놓칠 가능성이 크다.

3 한국 시장의 높은 디지털 수용도와 글로벌 테스트베드 역할

한국 소비자는 디지털 신기술에 대한 수용도가 높고 새로운 서비스에 대한 기대 수준도 세계적으로 높은 편이다. 이러한 특성 때문에 국내외 기업들은 한국을 신기술과 서비스의 테스트베드로 삼고, 여기서 얻은 성공 경험을 글로벌 확장의 교두보로 활용하고 있다. 따라서 AI와 디지털 혁신이 국내 시장에서 의미 있는 성과를 창출하면, 이는 곧 글로벌 경쟁력 강화로 이어질 가능성이 크다. 반대로 한국 시장에서의 혁신 실패는 해외 시장에서의 경쟁력 상실로 직결될 수 있다.

4 AI 시대가 요구하는 비즈니스 모델의 재정의

특히 주목해야 할 점은 생성형 AI가 디지털 혁신의 성격 자체를 변화시키고 있다는 사실이다. 과거 디지털 혁신이 업무 효율화와 프로세스 개선에 초점을 맞췄다면, AI 기반 혁신은 의사결정 방식과 상품·서비스 설계, 나아가 비즈니스 모델 전반을 재정의하는 단계로 진입하고 있다. 이러한 변화는 단순한 기술 도입의 시차를 넘어 기업 간 경쟁 격차를 구조적으로 확대시키는 요인으로 작용한다. 따라서 AI 시대의 디지털 혁신은 단순 비용 절감이나 트렌드 대응을 넘어, 기업의 존재 방식과 가치 창출 방식을 근본적으로 다시 설계하는 문제다.

대한민국은 급격한 인구 감소와 인건비 상승이라는 구조적 변화를 겪고 있다. 이러한 환경에서는 노동 생산성을 높이지 않고서는 지속 가능한 성장을 담보하기 어려운 상황이다. AI와 디지털 기술은 인력 부족을 보완하고 업무 효율을 극대화하는 핵심 수단이며, 이를 활용하지 못하는 기업은 글로벌 가치사슬에서 단순 공급자나 하청 역할로 고착될 위험에 직면하게 된다.

이상과 같은 이유로, 대한민국 기업에게 AI 기반 디지털 혁신은 선택이 아닌 생존과 성장을 좌우하는 핵심 전략 과제로 인식되어야 한다. AI 시대의 디지털 혁신은 특정 IT 시스템을 도입하는 문제가 아니라, 기업의 전략·조직·문화 전반을 재설계하고 새로운 디지털 생태계 속에서 지속적으로 학습하고 진화하는 문제이다. 다음 장에서는 AI 시대 디지털 혁신의 개념과 핵심 요소를 체계적으로 분석하여, 이러한 과제를 어떻게 실행 가능한 전략으로 전환할 수 있을지 살펴본다.

WHAT: AI시대 디지털 혁신의 개념 및 핵심 요소는?

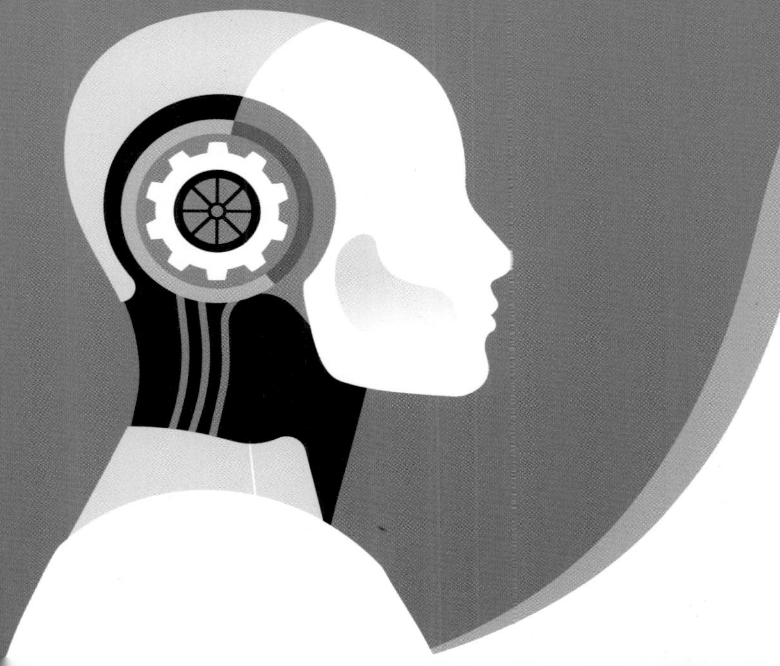

제1절

디지털 혁신 정의와 유형

많은 기업과 학자들은 '디지털 혁신'을 다소 다양한 의미로 사용한다. '디지털'과 '혁신'이라는 단어만 놓고 보면 단순히 디지털 기술을 통해 무언가를 바꾸는 것처럼 보이지만, 실제로는 그 범위와 목적에 따라 크게 두 가지로 구분된다. 디지타이제이션(Digitization)은 아날로그 방식의 업무나 데이터를 디지털로 변환해 효율성을 높이는 활동을 뜻한다. 반면 디지털라이제이션(Digitalization)은 디지털 기술을 활용해 새로운 비즈니스 모델을 창출하거나 기존 비즈니스 방식을 전면적으로 전환하는 활동으로, 비즈니스 모델 자체가 변화하는 혁신을 의미한다.

디지털 혁신의 유형을 이해하는 데에는 Gary P. Pisano가 제시 'Innovation Landscape Map'과 같은 분류 틀이 도움이 된다(그림 5).

  The Innovation Landscape Map을 활용한 Digital Transformation
의 분류

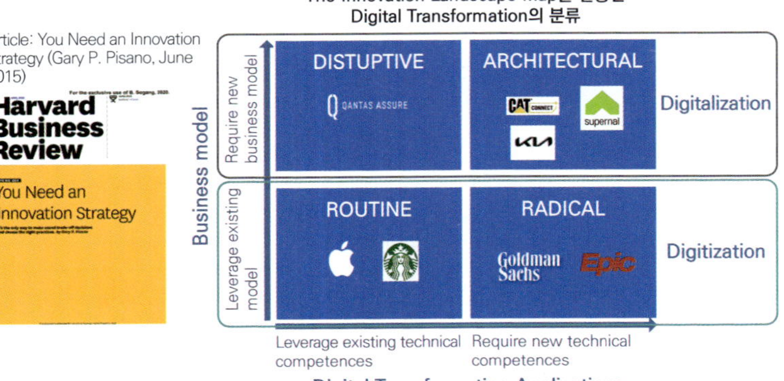

이 틀에 따르면, 혁신은 어떤 비즈니스 모델을 대상으로 하는지(기존 vs. 새로운)와 사용하는 기술의 성숙도(기존 IT vs. AI·양자컴퓨팅 등 최신 기술)에 따라 달라진다. 예를 들어, 기존 비즈니스를 대상으로 성숙한 IT로 업무를 자동화하는 것은 협의의 디지타이제이션에 속한다. 반대로 AI, 양자컴퓨팅 등 최신 디지털 기술을 활용해 새로운 비즈니스 모델을 발굴하거나 기존 비즈니스를 근본적으로 재설계하는 것은 디지털라이제이션에 해당한다.

실제 많은 기업들은 디지털 혁신을 '기존 업무 프로세스를 최신 IT로 개선하는 것'으로 좁게 정의하고 실행해 왔다. 그러나 저자가 지난 20여 년 동안 컨설턴트로서 수집·분석한 여러 성공 사례를 보면, 디지털 혁신의 범위를 협의(디지타이제이션)에서 광의(디지털라이제이션)로 확대한 기업들이 의미 있는 성과를 거두었다. 단순히 업무 효율을 높이는 수준에서 멈춘 경우에는 디지털 혁신 성공을 담보하기 어려웠다. 따라서 기업은 자신이 추진하려는 혁신이 어느 유형에 해당하는지 명확히 인식하고, 새로운 비즈니스 모델을 창출하거나 고객 가치와 조직 문화를 함께 바꾸는 전략까지 포함해야 한다.

이 절에서 살펴본 정의와 분류는 이후 설명할 핵심 실행 요소와 디지털 생태계 전략을 이해하는 기초가 된다. 다음은 이러한 분류를 토대로, 성공적인 디지털 혁신을 가능하게 하는 핵심 요소를 도출한다.

제2절

성공적인 디지털 혁신의 실행 핵심 요소

그렇다면, 성공적인 디지털 혁신의 의미는 무엇이며, 디지털 혁신을 성공으로 이끌기 위한 실행 핵심 요소는 무엇일까? 이에 대한 디지털 혁신을 성공으로 끌어내기 위한 실행 핵심 요소를 도출하기 위해서는 디지털 혁신의 정의부터 좀 살펴볼 필요가 있다. 글로벌 기업들이 정의하는 디지털 혁신의 정의를 보면, '변화', '혁신', '새로운', '비즈니스 모델', '제품', '서비스', '운영', '지속 가능' 등의 단어를 공통으로 확인할 수 있다(표 1). 즉, 디지털 혁신은 무엇인가 디지털 기술을 활용하여, 비즈니스 모델을 바꾸거나 적어도 현재 운영 프로세스나 제품 및 서비스의 고객 경험의 개선을 변화하는 것을 공통으로 내포하고 있다.

표 1 글로벌 기업들이 정의하는 디지털 혁신 정의

기업	디지털 혁신 (Digital Transformation) 정의
Bain & Comapny	디지털 엔터프라이즈 산업을 디지털 기반으로 재정의하고 게임의 법칙을 근본적으로 뒤집음으로써 변화를 일으키는 것.
AT Kearney	모바일, 클라우드, 빅데이터, 인공지능, 사물인터넷 등 디지털 기술로 촉발되는 경영환경 상의 변화에 선제적으로 대응하고 현재 비즈니스 경쟁력을 획기적으로 높이거나 새로운 비즈니스를 통한 신규 성장을 추구하는 기업 활동.
PWC	기업 경영에서 디지털 소비자 및 에코시스템이 기대하는 것들을 비즈니스 모델 및 운영에 적용 시키는 일련의 과정.
IBM	기업이 디지털과 물리적인 요소들을 통합하여 비즈니스 모델을 변화시키고 산업에 새로운 방향을 정립하는 것.
IDC	고객 및 마켓의 변화에 따라 디지털 능력을 기반으로 새로운 비즈니스 모델, 제품, 서비스를 만들어 경영에 적용하고 주도하여 지속가능하게 만드는 것.

Verrina와 Titko(2019)는 디지털 혁신이 비즈니스, 교육, 은행, 정부, 제조업 등 다양한 분야에서 지난 20-25년 동안 학술 토론에서 주목받은 주제라고 언급하였다. 그리고 2019년 기준으로 구글 학술 검색, Web of Science, SCOPUS와 같은 학술 데이터베이스에서 디지털 혁신이라는 주제로 수백만 건의 검색 결과가 나타난다고 제시하였다. Verrina와 Titko(2019)는 다양한 조직 및 기관에서 정의한 디지털 혁신이 단순히 기술을 기반으로 한 비즈니스 모델, 프로세스 및 업무 변화가 아니라 디지털 혁신 과제를 지원하는 근본적인 조직문화의 중요성을 강조한다고 언급하였다. 또한, 디지털 혁신은 고객의 요구를 우선시하고, 강력한 리더십에 의해 지원되는 전략적 조직 변화를 포함한다고 이야기하고 있다(표 2). 성공적인 디지털 혁신을 위해 필수적인 것은 기술 자체보다 더 중요한 인간 요소, 즉 직원의 동기부여와 참여가 매우 중요하다고 이야기하고 있다.

 디지털 혁신 용어 정의 표

Source	Definition
European Commission (2019)	"디지털 혁신은 첨단 기술의 융합과 물리적 시스템과 디지털 시스템의 통합, 혁신적인 비즈니스 모델과 새로운 프로세스의 부상, 그리고 스마트 제품과 서비스의 창출로 특징지어진다."
OECD (2018)	"디지털 혁신은 디지타이제이션(digitization)과 디지털라이제이션(digitalization)이 가져오는 경제적·사회적 영향 전반을 의미한다. 디지타이제이션은 아날로그 데이터와 프로세스를 기계가 읽을 수 있는 형태로 변환하는 것을 의미한다. 디지털라이제이션은 디지털 기술과 데이터, 그리고 이들 간의 상호 연결을 활용하여 기존 활동을 변화시키거나 새로운 활동을 창출하는 것을 의미한다."
Ismail, Khater, and Zaki (2017)	"디지털 혁신은 기업이 다양한 새로운 디지털 기술과 어디서나 연결 가능한 네트워크 환경을 결합하여, 우수한 성과와 지속 가능한 경쟁우위를 달성하기 위해 여러 비즈니스 영역을 변화시키는 과정이다. 여기에는 비즈니스 모델, 고객 경험(디지털 기반 제품과 서비스 포함), 운영(프로세스 및 의사결정 포함)뿐 아니라 사람(역량·인재·문화)과 네트워크(전체 가치사슬 포함)에 대한 변화가 동시에 포함된다."
Schwertner (2017)	"디지털 혁신은 새로운 비즈니스 모델, 프로세스, 소프트웨어 및 시스템을 구축하기 위해 기술을 적용함으로써 더 높은 수익성, 경쟁우위 확보, 그리고 운영 효율성을 달성하는 것이다."
Deloitte (2018)	"디지털 혁신은 조직의 성과 또는 시장 도달 범위를 근본적으로 개선하기 위해 기술을 활용하는 것을 의미한다. 디지털 전환된 기업에서는 디지털 기술을 통해 프로세스 개선, 인재 참여 확대, 그리고 새로운 비즈니스 모델 창출이 가능해진다."
Bloomberg (2018)	"디지털 혁신은 조직이 변화에 보다 효과적으로 대응하도록 요구하며, 변화 자체를 핵심 역량으로 만드는 것을 의미한다. 기업이 고객 중심의 End to End 구조로 전환됨에 따라 이러한 민첩성은 지속적인 디지털화 추진을 촉진하지만, 디지털화 활동 자체와 동일한 개념으로 혼동되어서는 안 된다."

- 이미 디지털 혁신관련해서 많은 학계 및 산업계에서 연구가 되고 있음
- 디지털 혁신의 성공을 위해서는 단순 기술을 기반으로 한 비즈니스 모델, 프로세스/업무 변화가 아니라 디지털 혁신을 지원하는 조직 문화의 중요성을 강조

*출처: Natalia VERINA, Jelena TITKO, DIGITAL TRANSFORMATION: CONTEPTUAL FRAMEWORK.

앞에서 살펴본 디지털 혁신의 개념 및 정의를 기반으로 다음과 같은 공동 키워드를 발굴할 수 있었다(변화, 혁신, 새로운, 비즈니스 모델, 제품, 서비스, 지속가능, 직원의 동기부여, 조직문화, 강력한 리더십 등). 그리고 Natalja VERINA, Jelena TITKO가 공동 집필한 『Digital Transformation: Conceptual Framework』(May. 2019)에서 Google Scholar, OECD, EU commission, World Economic Forum, NGO (Non Government Organization)에서 발간한 30여 개 디지털 혁신 관련 논문 및 Report에서 HAMPLET II software를 활용한 Contents 핵심 Key Word분석 결과, 디지털 혁신 개념을 정의하는 핵심 키워드를 도출하였다(그림 6).

 디지털 혁신 관련 Key Words

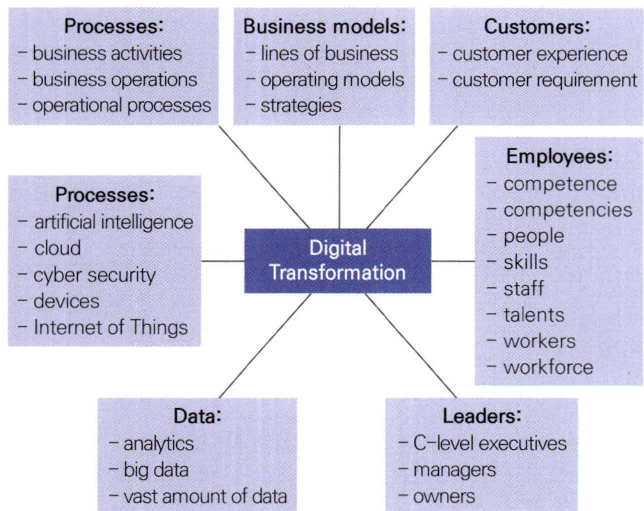

그리고, 디지털 혁신 관련 핵심 키워드에 대한 빈도수의 통계적
분석 결과는 다음 표 3과 같다.

표 3　디지털 혁신 관련 핵심 키워드에 대한 빈도수 결과

VOC.LST.	FREQUENCY %	VOC.LST. %	TEXT	CONTEXT UNITS
Business models	10	11.63	0.55	8
Customers	5	5.81	0.27	3
Data	12	13.95	0.66	10
Employees	7	8.14	0.38	6
Leaders	2	2.33	0.11	2
Processes	13	15.12	0.71	10
Technologies	37	43.02	2.03	21

이 결과에 따르면, 많은 논문과 Report에서 디지털 혁신에서 가
장 중요한 실행 요소로 기술(Technology), 업무 프로세스(Process),
데이터(Data), 비즈니스 모델(Business Model), 고객(Customer), 직원
(Employees), 리더(Leaders)가 언급되었다. 특히, 가장 많이 언급된 빈
도수로는 기술(Technology)과 프로세스(Process), 데이터(Data), 비즈
니스 모델(Business Model) 등이다.

제3절

AI시대 디지털 생태계(Ecosystem)의 중요성

앞서 제1절에서는 디지털 혁신의 정의와 유형을 분석하고, 제2절
에서는 성공적인 디지털 혁신을 가능하게 하는 핵심 실행 요소들을

도출하였다. 그러나 디지털 혁신의 성공적인 완수를 위해서는 개별 기술 도입이나 조직 내부의 실행 역량을 넘어, **AI 시대에 새롭게 부상하고 있는 디지털 생태계**(Digital Ecosystem)**에 대한 전략적 관점을 추가적으로** 고려할 필요가 있다.

제1장 제3절에서 언급하였듯이, 최근의 디지털 기술은 과거와 비교할 수 없을 정도로 범위와 복잡성이 확대되었다. 과거에는 ERP, CRM과 같은 기업용 IT 시스템을 소수의 글로벌 IT 대기업이 공급하는 구조였다면, 오늘날에는 클라우드, 오픈소스 소프트웨어, AI 모델, 데이터 플랫폼, API, 그리고 이를 빠르게 활용하는 스타트업과 기술 기업들이 복합적으로 얽혀 있는 **다층적 기술 생태계**가 형성되고 있다. 특히 생성형 AI의 등장 이후, 디지털 혁신은 더 이상 단일 기업이나 특정 기술의 역량에 의해 좌우되지 않으며, **데이터, AI 모델, 플랫폼, 파트너가 상호 학습하며 진화하는 생태계 단위의 경쟁**으로 전환되고 있다.

AI 시대의 디지털 생태계란, 디지털 혁신을 추진하고 가치를 창출하기 위해 조직, 기술, 데이터, AI 모델, 그리고 인간과 비인간 주체(AI 에이전트)가 상호 연결되고 상호작용하는 지능 네트워크(Intelligence Network)를 의미한다. 이러한 생태계에서는 데이터가 지속적으로 생성·공유·학습되며, AI 모델은 이를 기반으로 성능을 고도화하고, 다시 실제 비즈니스 의사결정과 운영 프로세스에 환류되는 순환 구조가 형성된다. 따라서 AI 시대의 디지털 혁신에서 핵심 경쟁력은 특정 솔루션을 도입했는가의 문제가 아니라, **이러한 학습과 진화의 순환이 가능한 생태계를 얼마나 효과적으로 설계하고 운영**할 수 있는가에 달려 있다.

AI 시대 디지털 생태계의 중요성은 크게 세 가지 측면에서 설명할 수 있다. 첫째, 상호 연결성과 학습 효과의 측면이다. 디지털 생태계는 다양한 기업, 기술, 사용자, 데이터 소스가 연결되는 환경을 제공하며, AI 기술을 통해 이러한 연결은 단순한 정보 교환을 넘어 학습과 지능 축적의 기반으로 작동한다. 기업 내부에서 예산, 우선순위, 조직 문화 등의 제약으로 인해 디지털 혁신이 정체되는 경우에도, 외부 생태계와의 연계를 통해 새로운 기술과 아이디어를 빠르게 흡수하고 혁신 속도를 가속화할 수 있다. 이러한 맥락에서 오픈 이노베이션은 AI 시대 디지털 생태계의 대표적인 실행 방식으로 기능한다. 다만 AI 시대의 오픈 이노베이션은 단순한 공동 연구나 기술 교환을 넘어, AI 모델, 데이터 파이프라인, API를 개방하고 외부 생태계가 이를 기반으로 새로운 가치를 창출하도록 유도하는 구조로 진화하고 있다.

둘째, AI 시대 디지털 생태계는 협업과 경쟁이 동시에 작동하는 역동적 구조를 가진다는 점에서 그 중요성을 찾을 수 있다. AI 기술은 데이터, 알고리즘, 컴퓨팅 인프라, 응용 서비스 전반에 걸친 복합적인 역량을 요구하기 때문에, 단일 기업이 모든 기술 요소를 내부에 내재화하는 것은 현실적으로 어렵다. 이에 따라 전략적 파트너십을 통한 협업은 AI 시대 디지털 혁신의 필수 조건으로 자리 잡고 있으며, 동시에 이러한 협업 구조는 생태계 내부의 경쟁을 촉진함으로써 기술 혁신의 속도를 더욱 가속화하는 역할을 수행한다.

이러한 AI 시대 디지털 생태계 협업의 대표적인 사례로 마이크로소프트와 OpenAI의 전략적 파트너십을 들 수 있다.

*출처: 마이크로소프트

마이크로소프트는 OpenAI와의 협업 이전부터 2016년 챗봇 'Tay'를 출시하고, STT(Speech to Text), TTS(Text to Speech), 컴퓨터 비전(Vision Analysis) 등 다양한 AI 기술을 보유한 글로벌 기술 기업이었다. 그러나 생성형 AI(Generative AI) 영역에서 독보적인 기술 경쟁력을 확보한 OpenAI와의 협업을 통해, 마이크로소프트는 AI 생태계 내에서의 전략적 위치를 근본적으로 재정의하게 된다. 2019년 OpenAI에 대한 10억 달러 규모의 1차 투자를 시작으로, 2020년 GPT-3 모델에 대한 독점 라이선스 확보, 2022년 12월 OpenAI 서비스의 Azure 클라우드 론칭, 그리고 2023년 100억 달러 규모의 추가 투자를 통해 OpenAI의 최대 주주가 되는 일련의 과정은 단순한 기술 제휴를 넘어선 생태계 주도권 확보 전략으로 해석할 수 있다.

이러한 OpenAI와의 협업을 통해 마이크로소프트는 세 가지 핵심적인 전략적 성과를 확보하였다. 첫째, 초대규모 LLM(Large Language Model)을 안정적으로 운영할 수 있는 슈퍼컴퓨팅 인프라를 구축하였다. OpenAI의 LLM을 지원하기 위하 마이크로소프트는 약 30만 개의 CPU와 1만 개의 GPU로 구성된 클라우드 기반 슈퍼컴퓨터를 확보하였으며, 이는 전 세계에서 다섯 번째로 큰 규모에 해당한다. 이를 통해 마이크로소프트는 경쟁 클타우드 사업자 대비 압도적인 AI 컴퓨팅 인프라 우위를 확보하게 되었다.

둘째, OpenAI의 생성형 AI 기술을 자사의 핵심 소프트웨어 제품군에 내재화함으로써 사용자 경험과 생산성을 획기적으로 향상시켰다. 마이크로소프트는 Excel, PowerPoint, Word와 같은 오피스 제품군을 비롯하여 GitHub, B2B 보안 솔루션 전반에 AI를 기본 기능으로 통합하는 'Built-in AI' 전략을 채택하였다. 이를 통해 Excel Copilot, PowerPoint Copilot, GitHub Copilot과 같은 Copilot 제품군을 출시하였으며, 이는 기존 소프트웨어 제품에 AI를 결합한 새로운 수익화 모델로 발전하였다. 즉, AI 기술은 단순한 기능 개선을 넘어, 마이크로소프트의 핵심 비즈니스 모델을 확장하는 수단으로 작동하고 있다.

셋째, 마이크로소프트는 OpenAI 서비스의 독점적 공급자로서 AI 생태계 내 전략적 지위를 확보하였다. OpenAI는 GPT-3, GPT-4, DALL·E 등 AI 솔루션을 B2B 및 B2C 시장에 직접 제공할 수 있음에도 대형 엔터프라이즈 고객을 공동으로 공략하는 핵심 파트너로는 마이크로소프트가 유일하다. 이로 인해 마이크로소프트는 기존 인프라 클라우드 시장에서는 AWS, 빅데이터 및 분석 클라우드 영역에서는 Google Cloud에 상대적으로 밀리던 '샌드위치' 구도에서 벗어나, AI 클라우드라는 새로운 경쟁 축을 중심으로 차별화된 시장 지위를 확보하게 되었다.

이 사례는 AI 시대의 경쟁 우위가 개별 기업의 기술력이나 자산 보유 여부에 의해 결정되기보다는, 어떤 디지털 생태계에 속해 있으며, 그 생태계 내에서 어떤 전략적 역할을 수행하는가에 의해 좌우된다는 점을 명확히 보여준다. 즉, AI 시대의 디지털 혁신은 단일 기업 간 경쟁을 넘어, 생태계 간 경쟁(Ecosystem Competition)의 형태로 진화하고 있음을 시사한다.

셋째, 디지털 생태계 관리와 오케스트레이션 역량의 중요성이다. AI 시대의 디지털 혁신에서 최고경영진과 리더십의 역할은 개별 IT 프로젝트를 승인하거나 기술 도입 여부를 결정하는 수준을 넘어선다. 이제 경영진은 어떤 데이터가 생태계 내에서 흐르고 있는지, 어떤 AI 모델과 플랫폼을 연결할 것인지, 그리고 내부 조직과 외부 파트너를 어떻게 조율할 것인지를 설계하는 디지털 생태계 오케스트레이터(Ecosystem Orchestrator)로서의 역할을 수행해야 한다. 선행 연구들 역시 디지털 생태계가 디지털 혁신의 성과와 지속 가능성에 결정적인 영향을 미친다는 점을 강조하고 있으며, 특히 금융, 헬스케어, 플랫폼 산업에서는 생태계 기반 전략이 기업의 회복력과 경쟁력을 좌우하는 핵심 요인으로 작용하고 있음을 확인할 수 있다.

결과적으로 AI 시대의 디지털 혁신은 더 이상 개별 기술 도입이나 내부 프로세스 개선의 문제가 아니라, 기업 전략, 조직 구조, 의사결정 방식, 그리고 외부 파트너십을 포괄하는 디지털 생태계 전반을 재설계하는 문제로 확장되고 있다. 이는 디지털 혁신이 IT 부서의 과제가 아닌, 최고경영진이 직접 주도해야 할 핵심 경영 과제로 전환되었음을 의미하며, AI 시대에 지속 가능한 경쟁 우위를 확보하기 위해서는 디지털 생태계 관점에서의 전략적 사고와 실행 역량이 필수적임을 시사한다.

뿐만 아니라, 최근 디지털 혁신 관련한 논문을 분석한 결과, 2023년 이후에 많은 논문들이 디지털 혁신관련해서 디지털 생태계의 중요성에 대해서 주목하고 있다. Oberländer, Karnebogen, Rövekamp, Röglinger, 그리고 Leidner(2024)는 디지털 생태계가 디지털 혁신에 미치는 영향이 매우 크다고 주장하였다. 이러한 디지털 생태계는 디지털 자원의 흐름을 촉진하고, 협력을 강화하며, 다양한 주체 간의 조율을 향상하여 더 효과적이고 지속 가능한 디지털 전략을 가능하게 한다(Oberländer et al., 2024). Tretyakova, Kolmykova, Serebryakova, Astapenko 그리고 Kotsyurko(2024)는 금융 환경에서 디지털 생태계의 역할에 대해 연구하면서, 디지털 생태계가 전통적인 금융 비즈니스 모델을 혁신하는 방법을 강조하며, 빠르게 디지털화되는 세상에서 금융 기관의 회복력과 경쟁력을 보장한다고 주장하였다. 즉, 금융 산업에서 디지털 전환은 은행의 전통적인 비즈니스 모델을 재편성하며, 디지털 생태계 협업의 중요성이라는 현대적 트렌드의 등장을 야기했다는 것이다. 은행들은 급변하는 디지털 기술의 전통적인 은행에서 적용을 빠르게 하고, 새로운 디지털 기술로 무장한 핀테크 스타트업과 경쟁해야만 하는 변화하는 환경에 적응하기 위해 금융 및 비금융 서비스를 폭넓게 제공하는 디지털 생태계를 구축하여 고객 경험을 향상하고, 수익을 증가시키며, 경쟁력을 확보하는 모습을 보인다. 이러한 생태계는 금융 기관들이 제품 다양화를 통해 고객 서비스를 개선하고, 시장의 변화하는 요구에 맞추기 위해 운영 프로세스를 재구성하도록 요구한다. 핀테크와 같은 혁신적인 금융 도구와 디지털 기술을 활용하고 협업하는 모습으로, 금융 기관들은 수익 성장을 촉진할 뿐만 아니라 고객 충성도와 운영 효율성을 높이는 생태계를 구축할 수 있다. 디지털 생태계와 협업하는 모델로의 전환은 금융 부문에서 고객으로부터 요구되는 시장 적합성과 지속 가능성을 유지하기 위한 필수적인 선택임을 이야기하고 있다(Tretyakova et al., 2024).

Busalova와 Bazarnova(2024)는 디지털 생태계가 기업들이 고객 서비스 개선 및 제품 제공의 다양화를 통해 시장 경쟁력을 강화할 수 있는 디지털 플랫폼을 더 쉽고 신속하게 개발할 수 있도록 지원한다고 주장하였다. 최근 핀테크 스타트업들과 전통 금융 기관의 단순 파트너십을 넘어선 핀테크 협업으로 전통 금융 기관에서 직접 개발하기 어려웠던 디지털 기술을 손쉽게 접목하여 모바일/온라인 채널 단에서 고객 사용자 경험을 개선하고, 핀테크 업체가 가진 다양한 고객 정보 및 분석 기술을 기반으로 대안 정보 신용평가모델 등의 고도화를 통하여 운영 효율성 및 신용평가모델 고도화를 진행하는 것이 대표적인 사례라고 이야기할 수 있다(Busalova, & Bazarnova, 2024).

디지털 전환이 계속 발전함에 따라 생태계는 이러한 복잡한 네트워크의 요구에 맞춰 전략적 리더십을 조정하는 데 중요한 역할을 하며, CEO와 하나 된 중간관리자들의 디지털 혁신 의지 및 강력한 조직 변화관리가 조직이 성공적으로 디지털 전환을 주도할 수 있도록 보장할 것으로 언급하고 있다(Reuter, & Floyd, 2023).

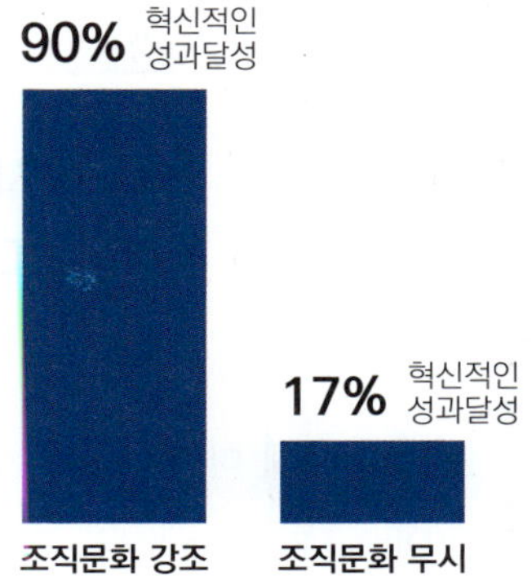

BCG(Boston Consulting Group)의 40여 개 디지털 혁신 기업의 혁신 사례를 분석한 결과, 디지털 혁신 작업을 수행하면서 조직 문화/기업문화의 디지털 문화 수용에 중점을 두었던 기업들과 그렇지 않았던 기업들의 실질적인 효과 창출 여부는, 디지털 문화 수용 및 조직변화에 노력했던 기업들의 90%가 디지털 혁신으로 실질적인 비즈니스 결과를 창출했다는 것으로 결과를 짐작할 수 있다(그림 9). 디지털 문화 수용 및 조직 문화 개선을 상대적으로 무시했던 기업들이 디지털 혁신을 통한 실질적인 비즈니스 결과를 창출했다는 비율이 17%에 이르렀다는 결과와 비교를 해보면, 기업 내부 임직원의 디지

털 문화 수용 및 조직문화 개선에 중심을 두었던 기업들이 디지털 혁신의 실제적인 결과를 만들어낸 확률이 5배 이상 높다는 것이고, 그만큼 디지털 문화를 수용하고 이를 조직 문화개선 및 변화관리로 이끌어내는 것이 디지털 혁신에 매우 중요하다는 의미로 해석할 수 있다.

제4절

Pre-AI 시대 디지털 생태계와 AI시대 디지털 생태계 비교

Pre-AI 시대 디지털 생태계(Digital Ecosystem)와 AI시대 디지털 생태계(Digital Ecosystem)의 가장 본질적인 차이는 디지털 생태계가 작동하는 중심 축의 변화에서 출발한다. AI 이전 또는 초기 단계의 디지털 생태계는 ERP, CRM, SCM과 같은 기업용 IT 시스템과 디지털 플랫폼을 중심으로 구축되었다. 이 시기의 디지털 혁신은 특정 솔루션이나 플랫폼을 도입하여 업무 효율성을 높이고 비용을 절감하는 데 초점이 맞추어져 있었으며, 경쟁력의 원천 역시 어떤 IT 시스템을 얼마나 빠르고 안정적으로 도입했는가에 의해 결정되었다.

표 4 Pre-AI시대 디지털 생태계와 AI시대 디지털 생태계 비교표

구분	Pre-AI Digital Ecosystem (AI 이전/초기)	AI Digital Ecosystem (AI 시대)
생태계의 중심 축	IT 시스템 및 디지털 플랫폼 중심	데이터, AI 모델, 지능 흐름 중심
경쟁력의 원천	특정 솔루션 플랫폼 도입 여부	학습 가능한 데이터 규모, 모델 진화 속도, 생태계 설계 능력
핵심 기술 요소	ERP, CRM, SCM, BI, 클라우드	LLM, GenAI, AI Agent, Foundation Model, MLOps
데이터의 역할	분석, 리포팅을 위한 정적 자원	지속적으로 생성·학습·재활용되는 전략적 자산
데이터 흐름 구조	기업 내부 중심, 사일로 구조	생태계 전반을 관통하는 실시간·연결형 데이터 흐름
의사결정 방식	인간 중심의 분석 기반 의사결정	AI 보조·대행 기반의 하이브리드 의사결정
주요 생태계 참여자	기업, IT 벤더, 스타트업, 연구기관	기업 + AI 모델 + AI Agent + 플랫폼 + 개발자 커뮤니티
비인간 주체의 역할	거의 없음	AI 에이전트가 실질적 실행 주체로 참여
오픈 이노베이션 방식	공동 개발, 기술 이전, 투자 중심	API, 모델, 데이터 개방 기반의 생태계 확장
플랫폼 전략	플랫폼 구축 및 락인(Lock-in)	플랫폼 + 모델 ㅣ 마켓플레이스 결합 전략
가치 창출 메커니즘	효율성 향상, 비용 절감	지능 축적, 초개인화, 새로운 비즈니스 모델 창출
확장성(Scalability)	인력·시스템 확장에 의존	AI 학습과 자동화를 통한 비선형적 확장
혁신 속도	프로젝트 단위, 단계적 혁신	실험, 학습, 배포의 연속적 혁신
리스크 관리	보안, 안정성 중심	AI 윤리, 데이터 거버넌스, 모델 리스크 관리 포함
조직의 역할	IT 부서 중심 추진	전사 + 생태계 연계형 조직 구조
리더십의 역할	기술 도입 의사결정자	디지털 생태계 오케스트레이터
대표 사례	ERP 기반 전사 통합, 클라우드 전환	Microsoft-OpenAI, Apple AI 생태계, NVIDIA CUDA 생태계
디지털 혁신의 성격	'도입' 중심의 디지털화	'진화' 중심의 지능화

반면 AI Digital Ecosystem에서는 디지털 생태계의 중심이 데이터와 AI 모델, 그리고 이들 간의 학습과 진화의 흐름으로 이동한다. AI 시대의 경쟁력은 더 이상 특정 솔루션의 도입 여부가 아니라, 학습 가능한 데이터의 규모와 품질, AI 모델의 진화 속도, 그리고 이를 유기적으로 연결하는 생태계 설계 역량에 의해 좌우된다. 즉, 디지털 생태계는 기술의 집합이 아니라 지능이 축적되고 확산되는 구조로 재정의된다.

데이터의 역할 역시 근본적으로 변화하였다. Pre-AI 디지털 생태계에서 데이터는 주로 분석과 리포팅을 위한 정적인 자원으로 활용되었으며, 기업 내부의 사일로 구조 속에서 제한적으로 관리되었다. 이에 비해 AI Digital Ecosystem에서 데이터는 지속적으로 생성·학습·재활용되는 전략적 자산으로 기능한다. 데이터는 생태계 전반을 관통하며 실시간으로 흐르고, AI 모델은 이러한 데이터를 기반으로 성능을 고도화한 뒤 다시 의사결정과 운영 프로세스에 반영되는 순환 구조를 형성한다.

의사결정 방식 또한 AI 시대에 들어 크게 변화하였다. Pre-AI 환경에서는 인간 중심의 분석 기반 의사결정이 일반적이었으나, AI Digital Ecosystem에서는 AI가 의사결정을 보조하거나 일부 영역에서는 대행하는 하이브리드 의사결정 구조가 확산되고 있다. 이 과정에서 AI 에이전트(AI Agent)는 단순한 도구를 넘어, 실질적인 실행 주체로서 디지털 생태계에 참여하게 된다. 이는 생태계 참여 주체가 기업과 인간 조직에 국한되지 않고, 비인간 지능 주체까지 확장되었음을 의미한다.

오픈 이노베이션과 플랫폼 전략 역시 질적으로 달라졌다. Pre-AI 디지털 생태계에서의 오픈 이노베이션은 공동 개발, 기술 이전, 투자 중심의 협업 모델이었다면, AI Digital Ecosystem에서는 API, AI 모델, 데이터의 개방을 기반으로 외부 생태계가 새로운 서비스를 빠르게 창출할 수 있도록 하는 구조로 진화하고 있다. 플랫폼 전략 역시 단순한 락인(Lock-in) 중심에서 벗어나, ==플랫폼-모델-마켓플레이스가 결합된 확장형 전략==으로 전환되고 있다.

가치 창출 메커니즘에서도 뚜렷한 차이가 나타난다. Pre-AI 디지털 생태계의 주요 성과가 효율성 향상과 비용 절감이었다면, AI Digital Ecosystem에서는 지능의 축적, 초개인화된 서비스 제공, 그리고 AI를 기반으로 한 새로운 비즈니스 모델 창출이 핵심 가치로 부상한다. 이에 따라 확장성 또한 인력이나 시스템 증설에 의존하는 선형적 확장이 아니라, AI 학습과 자동화를 통한 비선형적 확장 구조로 변화하고 있다.

조직과 리더십의 역할 역시 재정의되고 있다. Pre-AI 환경에서는 IT 부서가 디지털 혁신을 주도하고, 경영진은 기술 도입 여부를 결정하는 역할에 머무르는 경우가 많았다. 그러나 AI Digital Ecosystem에서는 전사 차원의 조직과 외부 생태계가 긴밀히 연결되며, 최고경영진은 디지털 기술의 도입자가 아니라 디지털 생태계를 설계하고 조율하는 오케스트레이터(Ecosystem Orchestrator)로서의 역할을 수행해야 한다.

결과적으로 Pre-AI Digital Ecosystem이 '도입 중심의 디지털화'를 특징으로 했다면, AI Digital Ecosystem은 '진화 중심의 지능화'를 핵심 속성으로 한다. AI 시대의 디지털 혁신은 더 이상 개별 기업의 내부 역량만으로 완성될 수 없으며, 데이터·AI 모델·플랫폼·인간과 비인간 주체가 상호 연결된 디지털 생태계 전체를 전략적으로 설계하고 운영할 수 있는 역량이 기업의 지속 가능한 경쟁 우위를 결정하게 된다.

AI시대, 디지털 혁신 실행 프레임워크 개요

앞서 디지털 혁신 정의 및 유형 분석, 다수의 학술 논문 분석을 통한 디지털 혁신의 성공적인 실행을 위한 핵심 요소 도출 그리고 디지털 생태계 중요성 도출 등을 살펴보았다. 학문적으로 다수의 연구자가 연구했던 기업 및 기관에서 정의한 디지털 혁신의 정의 분석, 학술 분야에서 연구하고 있는 성공적인 디지털 혁신 핵심 요소를 도출하고, 다수의 디지털 혁신 성공 사례 연구 방법을 추가하여 디지털 혁신 방법론을 다음과 같이 도출할 수 있었다.

그림 10 디지털 혁신 핵심 실행 요소 도출 방법론 개념도

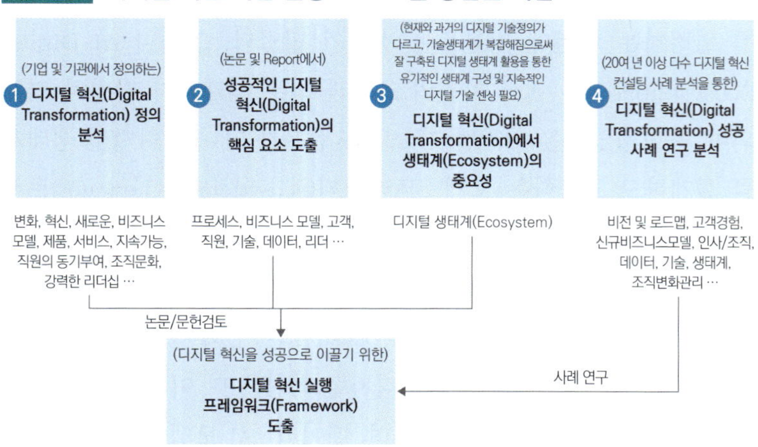

기업에서의 디지털 혁신이란 단순히 상품 판매 증대나 일부 업무 프로세스의 디지털화에 그치지 않고, 기업 전체가 디지털 시대에 맞

게 비즈니스 모델을 정의하고 비즈니스 모델을 성공적으로 구축하는 자원을 정의하고 프로세스를 설계하는 것이다(Rachinger, Ropposch, & Vorraber, 2018). 성공적인 디지털 혁신을 위해서는 기업 전체가 명확한 비전을 이룰 기반으로 디지털 시대에 일하는 방식을 갖추고, 프로세스·조직·문화·인력·시스템을 디지털 기술 기반으로 변화시키고 더 나아가 기업만의 고유한 디지털 생태계를 구축해야 한다. 기존 수많은 디지털 혁신 관련 논문에서 언급된 성공적인 디지털 혁신의 실행과 연관한 핵심 요소 분석 및 다수의 디지털 혁신 성공 사례를 살펴보면, 다음과 같은 공통 영역이 유기적으로 뒷받침됐을 때 성공적으로 디지털 혁신이 실행됨을 알 수 있었다(그림 11).

그림 11 AI 시대 디지털 혁신의 성공적인 실행을 위한 프레임워크

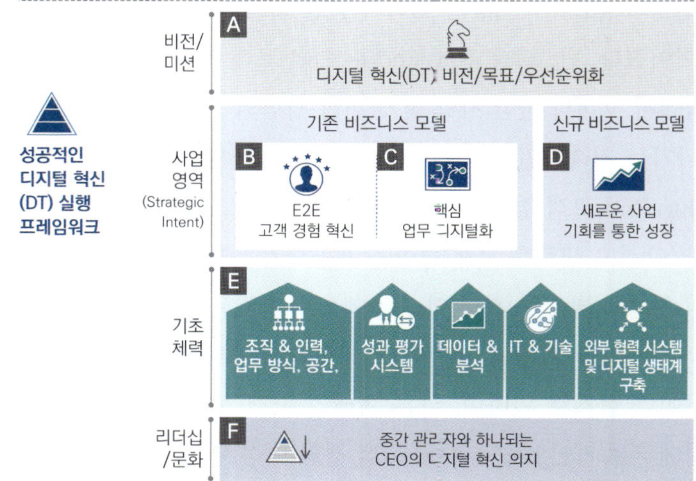

1 　Vision · Mission

AI 시대 디지털 혁신의 시작은 디지털 혁신의 비전과 목표를 바르게 설정하는 것이다. 그리고 이런 비전과 목표를 실행하기 위해 우선순위를 두고 체계적인 로드맵을 수립해야 한다. 주어진 예산과 자원의 제약이 있기 때문이다.

2 　End to End 고객 경험 혁신

김위찬과 Renee Mauborgne(2017)이 작성한 『Blue Ocean Shift』라는 저서에서 Value Innovation은 경쟁자와는 다른, 그러나 고객이 중요하게 여기는 가치를 파악하여 기존의 경쟁플랫폼을 바꾸어주는 것이라고 언급하였다. 지금까지 많은 프로세스 개선은 고객의 관점이 아닌 기업과 공급자 관점에서 디지털 상품 및 서비스 관련한 설계를 진행하였고, 이는 많은 고객의 공감 및 선택을 받지 못하는 결과로 이어졌다. 단, 고객 전체 End to End 고객 경험 과정에서 고객의 관점에서 고객의 불만 사항 및 불편한 경험의 근인을 찾고 이를 개선해 나가는 지속적인 노력이 필요하다. 미래의 앞선 기술을 접목하여, End to End 고객 경험 혁신을 통해서 새로운 고객 경험 제공이 가능하다. 그리고 새로운 고객 경험을 제공하기 위한 촉매제인 새로운 기술의 진화와 발전은 지금 이 순간에도 계속되고 있다. 새로운 디지털 기술과 접목한 기존의 고객 여정 개선 이후에도 현재 새로운 기술의 제약이나 한계로 인하여, 다른 형태의 고객 불만 사항은 야기될 수 있기에 지속적인 End to End 고객 경험 여정 혁신은 필요하다.

3 AI시대 핵심 업무의 디지털화

핵심 업무의 디지털화는 전통적으로 Front · Middle · BackEnd 전반의 기존 업무를 얼마나 효율적으로 자동화할 수 있는가라는 질문에서 출발해 왔다. 그러나 AI 기술의 본격적인 도입 이후, 핵심 업무 디지털화의 본질은 단순한 프로세스 효율화나 시스템 전환을 넘어, 업무 수행 방식과 의사결정 구조 자체를 지능화하는 방향으로 확장되고 있다. AI 시대의 핵심 업무 디지털화란 직원 관점에서 반복적 · 규칙 기반 업무를 디지털 시스템으로 대체하는 것을 넘어, 분석, 문서 작성, 의사결정, 커뮤니케이션과 같은 지식 노동 영역까지 AI를 내재화하는 것을 의미한다. 이 과정에서 직원은 더 이상 업무 처리의 주체가 아니라, AI가 생성한 결과를 검증 · 조정 · 보완하며 최종 판단을 내리는 감독자이자 설계자로 역할이 전환된다. 즉, AI 시대의 핵심 업무 디지털화는 업무를 '더 빠르게 처리하는 것'이 아니라, 업무를 '더 지능적으로 수행하도록 재설계하는 것'으로 정의할 수 있다.

4 새로운 디지털 기술을 통한 성장 기회 마련

디지털 혁신을 시작할 때, 디지털 혁신의 목표가, '디지털 기술을 활용한 새로운 성장 기회 마련'인 경우는 많지 않다. 하지만 디지털 기술의 가장 큰 장점은 전통 기업들이 갖고 있는 업에 대한 업력 및 노하우가 새로운 디지털 기술과 접목이 됐을 때 새로운 디지털 기술의 성장 기회를 마련할 수 있다는 점이다. 디지털 혁신을 통해서 기존에 있었던 고객 경험의 혁신이나, 기업 내 업무 프로세스의 개선

외에도 이전에는 많은 자원과 비용이 들어가야 했던 신규 사업의 진출이 디지털 혁신을 활용해서 훨씬 쉬워질 수 있다. 기존 기업들이 보유하고 있는 고유의 자산과 디지털 혁신 기술을 접목하여 새로운 시장과 사업에 대한 가능성을 검토하는 것이 쉽다. 기업 내 디지털 혁신뿐만 아니라, 외부 환경 분석 및 면밀한 내부 자원 분석을 통하여, 디지털 기술을 기반으로 신규 사업 진출을 통한 기업의 새로운 성장 동력을 마련하는 것으로 검토를 할 수 있다.

5 기초 체력(Fundamental)

계속 내부 조직의 역량을 가지고 디지털 혁신의 성과를 창출하려면 디지털 혁신을 오롯이 자체 내부 혁신 역량으로 수행할 수 있는 기초체력을 확보하는 것이 매우 중요하다. 이러한 기초체력은 크게 다섯 가지로 구성된다.

1) 조직과 인력, 업무공간, 업무방식
2) 성과 평가 시스템
3) 데이터 & 분석
4) IT기술
5) 외부 협력 시스템 확보 및 디지털 생태계 구축

세계적으로 유명한 경영학 석학인 Peter Drucker는 "Culture eats strategy for breakfast(문화는 아침 식사로 전략을 먹는다)"라는 말을 남겼다. 이 말은 '전략은 이에 적합한 기업문화 변화의 뒷받침이 있을 때 비로소 성공할 수 있다'는 뜻이다.

그림 12   **Peter Drucker의 명언**

CEO가 추진하는 전략의 방향이 아무리 훌륭하다고 하더라도, 이를 실행하는 중간관리자와 중간관리자 밑의 실제 전략을 실행하는 개인 조직구성원의 한 명 한 명이 CEO와 동일한 사고와 의지를 가지고 혁신을 진행하지 않으면 그 전략은 성공하기가 불가능하다. 디지털 혁신도 마찬가지다. 회사가 성공하고 성장함에 따라서 새로운 직원 혹은 관리자가 외부에서 충원이 되는 것은 필수 불가결하다. 그런데 이러한 외부 직원들이 조직으로 들어오면서 그들이 경험했던 새로운 기술과 기법, 경험들도 그들과 함께 조직에 들어오게 된다. 이때 그들이 이전 회사에서 몸에 익은 업무방식도 같이 들어오게 된다. 디지털 혁신은 단순하게 신규 디지털 기술도입에 그치는 게 아니라 디지털 시대에 맞는 일하는 방식을 갖추는 것이므로, CEO의 디지털 혁신에 대한 지속적인 변화를 향한 의지의 전달 그리고 조직원들이 디지털 혁신을 잘 진행하고 실행할 수 있도록 독려하는 부분들이 매우 중요하다. 세부 영역별로 각 영역이 의미하는 개념 정의 및 영역별 선도 사례 공유를 통해 명확히 이해해보자.

제6절

비전 및 미션

디지털 혁신을 통해서 3~5년 후 어떤 모습의 기업으로 환골탈태하고 싶은지 그려 보고 이를 달성하기 위한 로드맵을 작성하는 것이 중요하다. 기업들이 일반적으로 AI · 디지털 혁신을 진행할 경우, 주어진 예산과 자원의 제약이 엄연히 존재하므로, 로드맵의 우선순위를 갖고 체계를 수립하는 것이 매우 중요하다. 그러려면 자신이 현재 처한 위치와 상황을 분명하게 인지하는 것이 필수적이다. 디지털 성숙도 진단을 통해, 선도사 대비 부족한 부분이 무엇인지 파악해 우선 순위화하는 것이 매우 중요하다. 또한 디지털 혁신의 비전과 미션 전략 수립은 3~5년 후를 내다보는 High Level 큰 그림뿐만 아니라, 구체적인 활용 사례(Use Case)도 필요하다. 마지막으로 전략에 대한 전사적인 공감대 형성을 위해 로드맵을 설계하고, 전사 임직원에게 공통 메시지로 전달하기 위한 커뮤니케이션 전략 및 시각화 도구·장치도 꼭 필요하다.

사례 1 | 디지털 혁신 비전과 미션, 캐피털원(Capital One)의 장기적 관점에서 단계적 디지털 혁신 여정

　캐피털원의 디지털 혁신은 2011년 미국 전략 컨설팅 회사 Bain & Company 출신의 Rob Alexander가 CIO로 취임하면서 본격적으로 시작되었다. 1998년 캐피털원에 입사한 그는 신용카드 사업과 개인 고객 대출 사업 등 주요 현업 부서를 두루 경험하며, 은행 IT가 단순한 지원 조직이 아니라 기업 혁신의 속도를 결정하는 핵심 동력이라는 점을 인식하게 되었다. 이후 2007년 CIO로 취임한 그는 IT 부서에 새로운 일하는 방식을 접목하는 것과 동시에, 실제 IT 개발을 수행할 수 있는 **디지털·IT 인력의 내재화가 디지털 혁신의 핵심 전제 조건**임을 깨닫고, 단기 프로젝트가 아닌 **장기적 관점의 단계적 디지털 혁신 로드맵**을 수립·추진하였다. 캐피털원의 단계별 디지털 혁신 여정은 다음과 같이 요약할 수 있다(그림 14).

그림 14 캐피털원의 디지털 전환 발전 경로

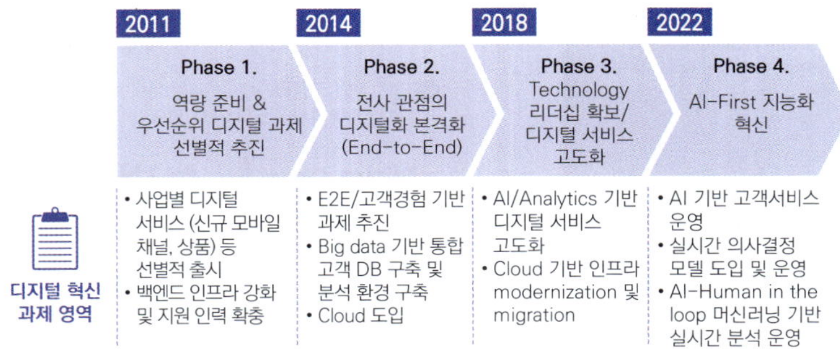

단계별 디지털 혁신 여정은 다음과 같이 요약할 수 있다(그림 15).

그림 15 캐피털원의 단계별 디지털 혁신 여정

여정 1단계(2011~2014년)는 디지털 역량 준비 및 우선순위 디지털 과제의 선별적 추진 단계로 정의할 수 있다. Apple의 아이폰 출시를 계기로 촉발된 스마트폰 혁명에 대응하기 위해, 캐피털원은 새로운 모바일 채널에 적합한 상품을 선별적으로 출시하고, 데이터 분석 환경과 인프라를 구축하는 한편, 백엔드 인프라 강화와 IT·개발 인력의 양적 확충을 병행하였다. 이 시기의 핵심 목표는 본격적인 디지털 전환을 실행하기에 앞서, 조직 내부에 디지털 혁신을 수행할 수 있는 기본 체력을 마련하는 것이었다.

여정 2단계(2014~2018년)는 End-to-End 관점의 전사 디지털화를 본격화한 단계이다. 캐피털원은 전사 차원에서 애자일(Agile) 방법론을 도입하고, 고객 경험을 중심으로 디지털 과제를 재정의하였다. 동시에 빅데이터 기반 통합 고객 데이터베이스를 구축하고 분석 환경을 고도화했으며, 백엔드 인프라의 구조적 합리화를 추진하였다. 특히 아마존(AWS)과의 협업을 통해 클라우드 도입을 본격화함으로써, 기존 온프레미스 중심의 IT 구조에서 점진적으로 탈피하기 시작했다.

여정 3단계(2018~2022년)는 금융 산업 내 기술 리더십 확보 단계로 볼 수 있다. 이 시기 캐피털원은 AI 및 Big Data Analytics 기반 디지털 서비스를 고도화하고, 클라우드 기반 인프라 현대화 작업을 가속화하였다. 기존 온프레미스 환경에서 벗어나 100% 퍼블릭 클라우드로의 전면 전환을 추진함으로써, 데이터와 기술을 핵심 경쟁력으로 삼는 테크 기반 금융사로의 전환을 본격화했다.

이러한 단계적 혁신의 출발점이 된 여정 1단계에서, 캐피털원이 가장 중요하게 판단한 요소는 디지털·IT 핵심 인력의 확보와 내재화였다. 2011년 당시 캐피털원의 내부 IT 인력은 주로 외부 아웃소싱 업체를 관리하는 PM 역할에 국한되어 있었으며, 실제 개발을 수행할 수 있는 소프트웨어 개발자나 데이터 분석가 등은 현저히 부족한 상황이었다. 이는 당시 국내 금융회사들이 처해 있던 상황과도 유사했다.

이를 해결하기 위해 캐피털원은 단계별 디지털 혁신 계획에 맞추어 필요한 디지털 역량을 세분화하고, 인재 수요와 공급 간의 격차를 해소하기 위한 디지털 인재 확보 전략을 수립하였다. 이 과정에서 가장 먼저 추진한 과제는 인소싱(Insourcing)할 디지털·IT 인력과 외주(Outsourcing) 인력을 명확히 구분하는 것이었다. 일반적으로 디지털 인재 확보를 위한 인력 소싱 방식은 인소싱과 아웃소싱으로 나뉘지만, 무리한 인력 내재화는 인건비 부담으로 이어질 수 있기 때문에 기업의 환경과 전략에 따라 현실적인 균형이 필요하다.

캐피털원은 이러한 판단하에, 기존에 시스템 개발과 운영을 IBM에 외주로 맡기고 있던 약 7,500명의 인력 중 약 1,500명을 캐피털원 정규직으로 전환하는 결정을 내렸다. 이를 통해 디지털·IT 인력의 양적 기반을 확보하고, 이후 단계적 디지털 혁신을 안정적으로 추진할 수 있는 조직적 토대를 마련하였다.

여정 4단계(2022년~)는 AI-First 기반 핵심업무 지능화 단계로 정의할 수 있다. 이 단계에서 캐피털원의 디지털 혁신은 더 이상 디지털 채널 확장이나 기술 고도화에 머물지 않고, AI를 중심으로 핵심 업무와 의사결정 구조 자체를 재설계하는 방향으로 진화한다. AI는 고객 서비스, 신용 평가, 사기 탐지, 리스크 관리 등 주요 금융 업무 전반에 실시간으로 적용되기 시작했으며, 머신러닝 기반 분석 결과가 실제 비즈니스 의사결정에 직접 활용되는 구조가 구축되었다.

특히 이 단계에서는 AI-Human in the Loop 구조가 본격적으로 도입되었다. AI가 대규모 데이터 분석과 예측, 추천을 수행하고, 인간은 이를 검증·보완하며 최종 판단을 내리는 협업 모델을 통해 의사결정의 정확성과 속도를 동시에 제고하고자 했다. 이는 규제와 책임이 중요한 금융 산업에서 AI를 안전하고 지속 가능하게 활용하기 위한 현실적인 접근 방식이라 할 수 있다.

결과적으로 캐피털원의 디지털 혁신 여정은 ① 디지털 역량 준비 → ② 전사 디지털화 → ③ 기술 리더십 확보 → ④ AI-First 지능화 혁신으로 이어지는 4단계 진화 모델로 정리할 수 있다. 이 사례는 디지털 혁신이 단순한 기술 도입이 아니라, 사람, 조직, 데이터, AI가 단계적으로 축적되며 비즈니스 모델과 업무 구조 전반을 재설계하는 장기적 전환 과정임을 보여주는 대표적인 사례이다.

제7절

End to End 고객 여정 경험 혁신

일반 소비자가 온라인 쇼핑몰에서 물건을 구입할 때, 온라인 쇼핑 경험이 온전히 충족되지 않고 쇼핑 과정에 불편함이 발생하면 구매를 중단하는 것이 일반적이다. 가령 구매 중에 장바구니에 담긴 상품을 결제하려고 하면 회원 가입부터 요구하거나, 회원 가입된 상태에서 구매하더라도 결제하려면 다시 신용카드 번호를 입력하라는 요구 등이다. 번거롭게 추가적인 정보를 입력해야 하는 순간에 소비자는 그 불편함을 견디지 못하고 온라인 쇼핑을 포기하고 다른 온라인 쇼핑몰로 이동하는 경우가 많다. 그래서 스마트폰의 확산과 스마트 기기에 익숙한 세대들이 온라인 쇼핑의 주력으로 떠오르면서 End to End 고객 경험 혁신은 더더욱 중요해졌다(그림 16).

그림 16 E2E(End to End)* 고객 여정 경험 혁신

개념 정의

- 기업&공급자 관점의 디지털 상품/서비스 설계는 百戰百敗(inside-out)
- 고객의 관점에서 여정 재설계 필요 (outside-in)
- 고객 E2E journey 처음부터 끝까지 분석해 불만사항 & 근인 발굴
- 단순 근인 해결을 통한 개선이 아닌(BPR), 미래의 기술 접목 노력(Art of possibility)
- Re-imagination journey: 3년 후 미래의 새로운 디지털 여정** 그리고, 단계적 접근 필요

선도 사례

E2E 고객 여정을 200개로 쪼개 Wow Factor 경험 제공

AI를 활용한 상황기반 음식 주문 경험 개선

* End-to-End, 한쪽 끝에서 다른 쪽 끝까지 전 과정을 의미
** 새롭게 설계된 고객 여정에 맞춘 대면/비대면 채널(Front-end)의 역할, 유형, 운영모델의 재정의도 필수

그림 17 Apple이 기획한 End to End 고객 여정 개념

- Enriching lives는 Ron Johnson이 주창한 애플브랜드에 기반한 Apple Store 핵심 철학이며, 실제로 애플 매장 직원들의 카드 뒷면에는 enriching lives" 신조가 새겨져 있음

*출처: BCG internal analysis

End to End 고객 여정 경험 혁신의 대표적인 사례는 Apple이다. Apple은 2007년 아이폰의 등장을 통하서 스마트폰이라는 새로운 디바이스를 창조하고, 앱스토어라는 새로운 생태계를 만듦으로써 혁신의 시작을 만들었다. 그뿐만 아니라 아이폰 사용자들은 Apple이 제시한 End To End 고객 여정 경험 혁신에 한 번 더 놀라게 된다. Apple의 생태계 내에서 다양한 콘텐츠를 '앱'이라는 형태로 만들어 새로운 고객 경험을 제시한 것이다(그림 17).

Apple이 시장에 제시한 End To End 고객 여정 경험은 Apple이 만든 오프라인(Offline) 매장에도 적용된다. Apple의 오프라인 매장은 미니멀리즘이라는 디자인 철학을 고스란히 담은 깔끔한 매장이

라는 이상을 준다. 뿐만 아니라 여기서 경험하는 리테일매장 내 쇼핑 경험이나 Apple 직원의 친절한 서비스 등에 대해서도 감동하게 된다. Apple은 Apple Store에도 채널 주요 속성별 초일류업체의 성공 공식을 종합해 고스란히 Apple Store에 적용했다. Apple Store의 철학은 '풍요로운 삶(Enriching Lives)'이라는 개념이다. '풍요로운 삶'은 일전 Apple Retail Store 사업부의 수장이었던 Ron Johnson이 주창한 개념으로, Apple 브랜드에 기반한 Apple Store의 핵심 철학이다. 실제로 Apple 매장 직원의 카드 뒤편에는 'Enriching Lives'라는 크레도(Credo: 신조)가 새겨져 있다. '풍요로운 삶'이라는 Apple 매장의 철학을 기반으로, Apple 매장은 혁신적이며 쉽고 친절한 최신의 이야기 공간을 구성하겠다는 브랜드 포지셔닝 원칙을 제시했다.

기술적인 가치 제안 요소는 매장 안에서 벌어지고 있는 일이나 사람들의 모습을 투명 유리를 통해 외부에서도 투명하게 보여주는 것이다. 또 직관적인 매장 레이아웃(Layout)을 통해서 하나의 테이블(Table)을 하나의 구역(Zone)으로 구성해 스마트폰은 스마트폰끼리, 노트북은 노트북끼리 진열되도록 디자인했다.

그리고 기능적인 가치 제안 요소는 무한 체험을 가능하게 하는 것이다. 매장 방문객이 충분한 시간 동안 천천히 Apple 제품의 혁신성을 즐길 수 있도록 고안했으며, 매장 내에 많은 사람이 들어와서 생기는 불편함을 지양하고 더 편안하고 쾌적하게 제품을 경험할 수 있도록 적절한 매장 고객 밀도를 유지해 소비자를 배려했다.

감정적인 가치 제안 요소는 Apple 매장의 철학인 풍요로운 삶(Enriching Lives)을 구현하기 위해 프리미엄 공간을 편안하고 호화롭게 연출하도록 노력하였다. 이런 Apple 매장의 브랜드 아이덴티티(Brand Identity) 구현을 위해서 각 리테일 매장에서 최상의 조합(Best of Breed)을 구성해 실제 Apple 매장의 구성에 반영했다. 매장 위치 및 포맷(Format) 관련해서는 GAP의 사례를 적극적으로 차용해서 반영했다. 미국 내 GAP은 '누구나 쉽게 찾을 수 있는 곳'에 매장을 출점한다. 우리나라 Apple 매장의 위치를 살펴봐도 Apple 매장의 위치 원칙을 쉽게 파악할 수 있다. 우리나라 Apple 매장은 강남구 신사동 가로수길과 여의도 IFC 몰에 입점해 있다. 사람들이 많이 오가고 쉽게 눈에 띌 수 있는 곳에 출점한다는 원칙을 지키고 있다.

레이아웃 및 품목 운영은 디즈니 매장의 'One Table One Zone' 개념을 적용해 반영했다. 테이블의 좌우 배치를 균형감 있게 적용하고 유동적인 배치가 가능하며 한 제품군으로 한 개 테이블을 구성해 스마트폰 제품을 경험하고 싶은 사람은 스마트폰 존에서 Apple의 다양한 스마트폰을 직접 만지고 경험할 수 있게 배려했다. 뿐만 아니라 배치된 제품 간격을 여유 있게 함으로써 붐비지 않고 편안하게 제품을 경험하고 즐길 수 있도록 배치했다(그림 18).

그림 18 여의도 IFC몰 내 Apple 매장

쇼핑 경험(Shop Experience)은 나이키 매장의 'Wear and Run' 개념을 차용했다. Apple 매장에서 스마트폰을 경험한 적이 있는가? 삼성 리빙플라자나 롯데 하이마트와 달리, Apple Store의 스마트폰은 모두 와이파이에 연결되어, 스마트폰의 외관뿐만 아니라 스마트폰의 앱 다운로드, 터치감, 스피드 등을 직접 경험할 수 있게 했다. 즉, Apple 매장의 모든 제품군은 'ON'으로 연결된 상태여야 하며, 인터넷 연결은 당연하다.

서비스 및 매장 직원 관리는 리츠칼튼 호텔의 고객 서비스 원칙을 적용했다. 리츠칼튼 호텔의 고객 서비스 원칙은 인간적 유대를 기반으로 고객을 감동시키는 것으로 유명하다. 'Joshie, the stuff Giraffe'는 리츠칼튼 호텔의 고객 감동 서비스 원칙의 대표적인 사례다(Gallo, 2013)(그림 19). Chris Hurn의 아이가 미국 플로리다의 Ritz Carlton on Amelia Island에 기린 인형(이름이 Joshie다)을 두고 집으로 돌아온다. 인형을 두고 온 걸 속상해하는 아들에게 "조쉬는 잘 있대. 휴가를 좀 더 즐기다가 온다고 하더라(Joshie is fine. He is just taking an extra long vacation at the resort)"라며 아이를 위로했다. 호텔의 분실방지팀(Loss Prevention Team)은 기린 인형을 그 가족에게 돌려주기 위해 연락했다가 아들을 위한 아빠의 재미난 이야기를 듣게 되었다. 아빠는 호텔 측에 수영장 옆 의자에서 일광욕하는 기린 인형의 사진을 찍어 보내주기를 부탁하였다. 이틀 후 호텔은 기린 인형과 함께 호텔 로고가 새겨진 선물, 호텔에서 휴가를 보내고 있는 Joshie의 사진이 담긴 바인더를 아이에게 보냈다.

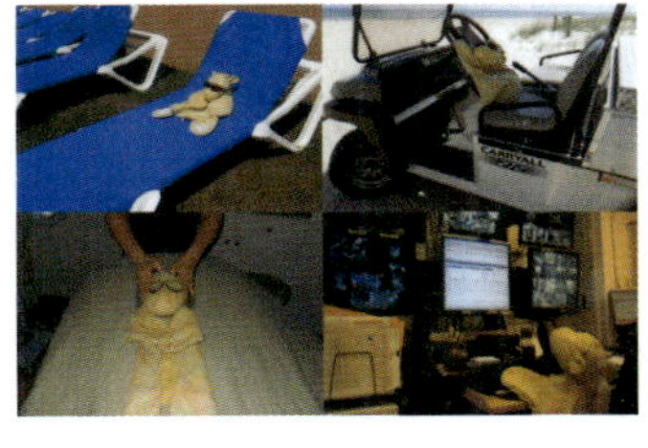

- Chris Hurn의 아내와 두 아이가 미국 플로리다에 있는 Ritz Carlton on Amelia Island에서 휴가를 보낸 후에 그 아들이 기린인형 Joshie를 두고온 것을 알게됨
- 리츠칼튼 호텔의 Loss Prevention Team에서 연락이 먼저 와서, 아버지가 아들에게 "Joshie is fine. He is just taking an extra long vacation at the resort"라고 말했다는 것을 알게됨
- Chris 는 호텔측에 자신의 거짓말을 아이가 믿을 수 있도록 수영장의 옆의 의자에서 일광욕하는 Joshie의 사진 하나를 찍어서 보내주기를 부탁
- 이틀 후 호텔에서는 Joshie의 인형과 함께, 호텔 로고가 새겨진 선물들과 호텔에서 추가적인 휴가를 보내는 Joshie의 각종사진이 담긴 바인더를 보내줌

리츠칼튼 호텔이 지향하는 인간적인 유대 관계 기반의 고객 서비스 원칙은 Apple 매장의 지니어스바의 기술 지원에도 고스란히 적용됐다. 매장 내부 인테리어 공간의 룩앤필(Look & Feel)은 뉴욕의 프리미엄 명품 백화점인 니만 마커스(Neiman Marcus)를 벤치마킹했다. Apple 매장은 니만 마커스가 온도·습도·제품 진열 각도·조명까지 하나하나 고려한 매뉴얼을 차용해 공간을 구성했다.

사례 3 │ AI를 활용한 상황 기반 음식 주문 경험 개선, 메뉴 뚝딱 AI

코로나19는 많은 산업에서 디지털 혁신의 촉매제가 되었다. 마이크로소프트의 Satya Nadella 회장은 "코로나19는 2년 걸릴 디지털 전환을 2개월로 단축시켰다"라고 이야기(장영은, 2020)하면서, 코로나19로 촉발된 뉴노멀(New Normal: 새로운 기준 혹은 표준) 시대를 맞아 전면적인 디지털 전환의 시기가 성큼 도래했다는 점을 역설하였다. 많은 산업에서 전반적으로 강력한 디지털 혁신이 발생하였으나 특히 쿠팡으로 대변되는 디지털기술기반의 온라인 커머스 업체와 배달의 민족과 같은 음식 주문 배달 서비스 업체가 특히 괄목할 만한 성장을 이루었다. 배달의 민족의 경우 업계 1위로서 다양한 연령대의 고객, 다양한 음식 주문, 여러 시간대에서 주문을 모아 데이터 저장을 하고 다양한 분석을 하기 시작하였다. 배달의 민족 프로덕트 경험분석팀에 의하면 배달의 민족의 앱을 이용하는 고객 중 약 51.7%는 메뉴를 결정하고 앱을 이용하는 패턴을 보이는 반면, 약 31.8%의 고객은 메뉴와 가격을 둘 다 결정하지 않고 앱을 이용한다는 것을 알게 되었다.

지금까지는 메뉴를 이미 정하고 앱 내에서 음식점을 검색하는 약 52%의 고객을 위한 고객 경험 개선에 노력했다면, 이제부터는 아직 뭘 먹을지 결정하지 않고 앱에 접속한 약 32%의 고객들을 대상으로 메뉴와 상점의 선택을 돕는 새로운 고객 경험 개선 작업을 고민하기 시작한 것이다. 이러한 새로운 고객 경험 개선 작업에 배달의 민족은 생성형 AI 기술 중의 하나인 ChatGPT를 활용하기로 했다. 먹고 싶은 메뉴에 따라 가게를 추천해 줄 수 있겠다는 기획하에서 더 나아가 아직 무엇을 먹고 싶은지조차 정하지 못했다면, 메뉴 선택부터 가게 선택까지 도와주는 '메뉴뚝딱 AI'라는 서비스를 론칭하였다.

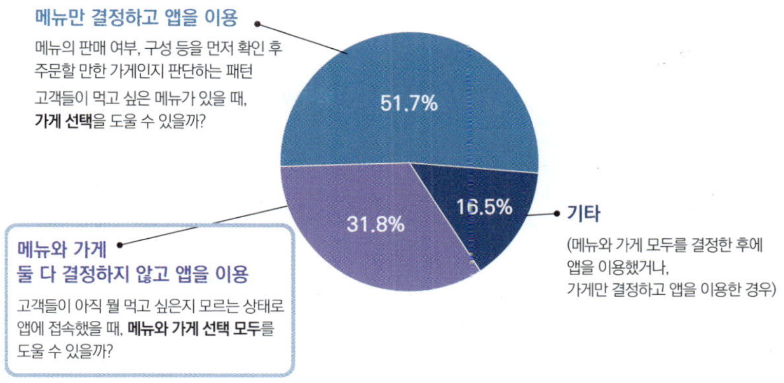

'메뉴뚝딱 AI' 서비스는 음식주문 배달 이후에 고객이 남기는 리뷰를 분석하여 배달의 민족 앱을 이용하는 고객에게 AI가 메뉴 및 매장을 추천하는 것이다. 이러한 생성형 AI가 추천하는 과정은 다음과 같다.

'메뉴뚝딱 AI' 서비스는 배달의 민족 서비스를 이용한 수천만 건의 사용자 리뷰 데이터를 분석하여 개인화된 메뉴 및 매장 추천을 제공하는 서비스이다. 최근 인공지능(Artificial Intelligent: AI) 기술의 발전으로 인해, 대규모의 비정형 텍스트 데이터로부터 유의미한 정보를 추출하고 이를 활용한 맞춤형 서비스가 가능해졌다. 특히, 음식점 리뷰와 같은 비구조적 텍스트 데이터를 효과적으로 처리하고 분석하는 것은 소비자 만족도를 높이는 데 중요한 역할을 한다.

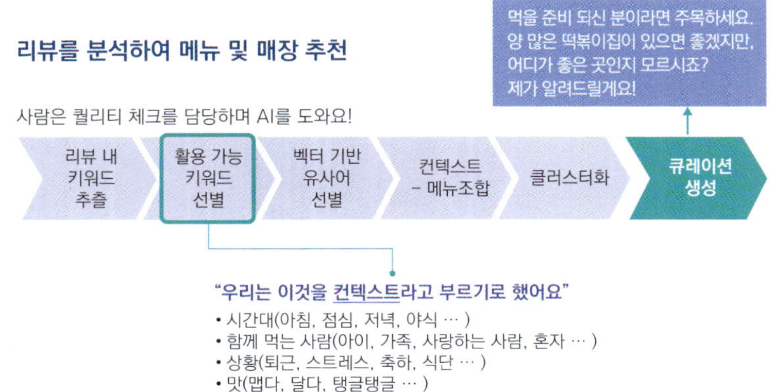

본 서비스는 크게 다섯 단계로 구성된다. 첫째, 리뷰 데이터에서 주요 키워드를 추출하는 과정이다. 이 과정에서는 텍스트 마이닝 기법을 활용하여 리뷰에서 빈도가 높은 주요 키워드를 식별한다.

둘째, 이러한 키워드 중 실질적으로 활용 가능한 키워드를 선별하는 단계가 이어진다. 이는 소비자의 리뷰에서 나타난 단순 빈도 기반 키워드보다, 추천 시스템에 의미 있는 맥락을 반영할 수 있는 키워드를 선별하는 것을 목적으로 한다.

셋째, 벡터 기반 유사어 선별 과정이 있다. 이 단계에서는 자연어 처리 기법 중 하나인 워드 임베딩(Word Embedding)을 통해 유사한 의미가 있는 단어들을 군집화하여 추천의 정확도를 높인다.

넷째, 컨텍스트 분석을 통한 메뉴 및 조합 추천 단계에서는 상황별, 시간대별, 혹은 동반자 유형에 따른 메뉴 추천이 이루어진다. 예를 들어, 퇴근 후 스트레스 해소를 위한 메뉴 조합이나 가족과 함께하는 저녁 식사에 적합한 메뉴 추천이 이루어진다.

마지막으로, 클러스터링 기법을 활용한 추천 대상 분류 작업이 진행된다. 이를 통해 유사한 취향이나 요구를 가진 소비자 그룹을 형성하고, 이들에게 적합한 메뉴 또는 매장을 추천하는 큐레이션(Curation)을 생성한다. 이러한 큐레이션 과정은 단순한 텍스트 분석을 넘어, 소비자 리뷰의 맥락과 감정적 요소까지 고려하여 최적의 추천을 제공하는 것을 목표로 한다.

결론적으로, '메뉴뚝딱 AI'는 '배달의 민족'이 보유한 방대한 소비자 리뷰·주문 데이터를 심층 분석하여 개인화된 음식 및 매장 추천을 제공하는 서비스로, 소비자 만족도를 크게 높일 수 있는 차별화된 고객 경험을 구현하고 있다. 이 서비스는 2023년 10월 송파구에서 시범 운영을 시작한 이후, 높은 이용자 반응과 정식 도입 요구에 힘입어 2024년 3월 서울 전역으로 확대 적용되었다(안희정, 2024). 2025년 현재에는 단순 추천 기능을 넘어, 상황·기분 기반 추천, 리뷰 의미 분석, 메뉴 이미지 자동 검수 등 AI 기반 기능을 포함하는 배민 핵심 서비스로 자리잡았으며, 플랫폼 전반의 탐색·주문 경험을 혁신하는 중심 기술로 지속 고도화되고 있다.

AI시대 핵심 업무의 디지털화

핵심 업무의 디지털화는 End to End 고객 경험 혁신에 맞춰 직원의 관점에서 외부 고객 채널 및 내부 운영 모델에 대한 업무 방식의 전면적인 디지털화를 진행하는 것을 의미한다. 핵심 업무의 디지털화를 위해서는 디지털 신기술을 접목해 정보 수집(Collect)-분석(Analyze)-의사 결정(Decision Making)-실행(Execute) 4단계로 지능형 운영(Intelligent Operation) 설계가 필요하다. 추구하는 목표는 인간이 수행하는 기존 업무 영역에서 최대한 노동 영역을 최소화해 자동화로 전환하는 것이다(그림 22).

그림 22 AI시대 핵심 업무의 디지털화

- E2E 고객 경험 혁신에 맞추어, 직원 관점에서 Front(채널)/Mid/Back(본사) 운영모델 및 업무 방식의 전면적인 디지털화 필요
- 4단계 업무 관점에서 신기술을 활용한 Intelligent Operations(IO) 설계 필요
  - 4단계: Collect(정보수집)-Analyze(분석)-Decision Making(의사결정)-Execute(실행)
- 이를 달성하기 위해 AI 기술을 접목하여 업무수행방식이나 의사결정 구조를 지능화하여, 미래의 인간 직접 노동 영역 최소화 가능성 설계

그림 23 골드만삭스와 Kensho의 협업을 통한 매크로 애널리스트 업무 대체

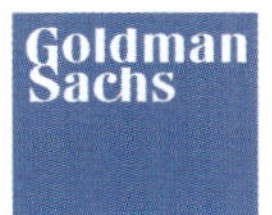

골드만삭스는 머신러닝 스타트업 Kensho에 투자하였으며,
인재/자연재해(예. 미세먼지, 북핵)와 같은 이벤트가 시장가격에 미치는 영향을
과거 유사한 데이터 기반 머신러닝을 활용하여 예측함.

미국 대표적인 투자 은행인 골드만삭스는 2010년대 중반부터 '금융기업에서 금융 소프트웨어 기업으로의 전환'을 선언하며, 핵심 금융 의사결정 업무를 대규모로 디지털 혁신을 진행해 온 대표적인 기업이다. 특히 2014년에는 2013년에 창업한 머신 러닝 · AI 스타트업 회사인 Kensho에 JP모건 등과 공동으로 투자를 단행하며 인공지능 기반의 분석, 트레이딩 업무의 디지털 혁신을 본격화하였다. 스타트업, Kensho가 가진 고유 기술은 인재 및 자연재해(미세먼지, 북한 핵 위험 도발 등)와 같은 이벤트가 시장 가격에 미치는 영향을 과거 유사한 데이터에 기초한 머신 러닝 기반으로 분석해 주가의 흐름을 예측하는 것이었다. 빅데이터 분석을 통해 금융 데이터를 분석하는 데 탁월한 역량을 가진 회사였다. 과거의 실적과 현재의 동향, 경기, 기업, 상황 등 주가와 관련된 모든 것을 분석해 보고서를 만드는 시스템이었는데, 어느 순간 월가의 애널리스트들의 일을 모두 할 수 있게 됐다. Kensho는 당시 월스트리트에서 가장 많은 연봉을 받던

600여 명의 트레이더가 한 달 가까이 처리해야 하는 업무를 고작 3시간 20분 만에 끝낼 수 있었다. Kensho의 AI 기술을 적극 도입하기로 결정한 후, 골드만삭스의 트레이더 598명은 퇴사했고, 남은 2명도 Kensho의 업무를 보조하기 위해서 남게 됐다. 이런 디지털 첨단 기술의 힘을 확인한 골드만삭스는 2015년 골드만삭스가 금융 기업이 아니라 금융 소프트웨어 회사임을 천명했다. 그리고 전통 금융 업무를 담당하던 인력을 해고하고 IT · 디지털 기술을 가진 인력으로 교체하기 시작했다.

골드만삭스의 Kensho가 만든 AI 솔루션인 '워런(Warren)'은 애널리스트 15명이 4주 동안 할 수 있는 분석 작업을 단 5분 만에 처리하는 능력을 갖췄다. 미국 스탠다드앤드푸어스(S&P)500 지수가 상승폭 5%를 넘긴 경우 남은 한 해 동안 지수가 어떻게 움직였는지 물었을 때 인간 애널리스트는 며칠에 걸쳐 방대한 데이터를 분석하고 답을 할 수 있었지만 워런은 1초 만에 답을 할 수 있었다. AI 솔루션 워런의 도입 확대로 골드만삭스는 2019년 100여 명의 애널리스트를 더 감원했다.

AI기술이 확대되는 최근 골드만삭스는 Kensho를 통한 초기 분석 자동화를 기반으로, 생성형 AI(GenAI)와 사내 대규모 언어모델(LLM)을 결합한 새로운 디지털 운영체계를 구축하며 핵심 금융 업무의 구조 자체를 재정의하고 있다. 골드만삭스는 2023년부터 자체 금융 특화 LLM을 개발하여 골드만삭스 AI 플랫폼(GS AI Platform)'으로 확장했으며, 이를 통해 시장 분석, 딜 구조화, 리서치 작성, 고객 자문 등 기존에 고숙련 금융 전문가가 담당하던 업무를 대폭 자동화 · 고도화하고 있다.

예를 들어, M&A와 IPO와 같은 대규모 딜을 검토하는 과정에서 사내 LLM은 시장 상황과 리스크 요인을 실시간으로 분석해 요약 보고서를 제공함으로써 기존 애널리스트 대비 60~70% 이상의 시간을 단축시켰다. 리서치 조직에서는 기업 실적, 산업 지표, 거시경제 변동을 통합 분석한 보고서 초안을 AI가 자동 생성함으로써 생산성이 평균 35% 이상 향상되었다. 또한 고객 맞춤형 포트폴리오 분석, 이메일 초안 작성, 리스크 시나리오 안내 등 PB(Private Banking) 조직의 커뮤니케이션 업무 역시 AI가 선제적으로 처리하는 구조로 바뀌어 고객 대응의 속도와 정확성이 크게 높아졌다. 내부적으로는 1,000만 건이 넘는 문서와 정책 자료를 LLM 기반으로 즉시 탐색·연결하는 검색엔진을 구축해, 직원들이 필요한 정보를 찾는 데 소요하던 시간이 90% 이상 줄어드는 효과를 거두고 있다.

트레이딩 및 리스크 관리 영역에서도 변화는 더 극적이다. AI는 시장 변동성, 금리, 환율, 유동성 등을 실시간으로 계산해 트레이더에게 즉시 위험 신호를 알리고, 파생상품의 가격 산출이나 시나리오 분석 역시 자동화된 모델을 통해 수행된다. 코드 생성 자동화 기능이 더해지면서 새로운 트레이딩 전략을 개발하는 속도도 약 25% 빨라졌다. 나아가 프론트, 미들오피스에서 수행되던 매뉴얼 리스크 체크, 익스포저(Exposure) 계산, 보고서 정합성 검증 등 반복 업무는 대부분 AI에 의해 처리되면서 핵심 운영 프로세스가 사실상 '실시간 자동 의사결정 체계'로 전환되고 있다.

이러한 기술적 전환은 인력 구조의 변화로도 이어지고 있다. 2024~2025년 기준 골드만삭스의 전체 인력 중 약 25%가 엔지니어, 데이터 사이언티스트, AI 전문가로 구성되며, 이는 실리콘밸리 빅테크 기업들에 근접한 수준이다. 전통적인 애널리스트나 운용 인력은 점차 축소되는 반면, AI 플랫폼 개발, 데이터 아키텍처, 클라우드 엔지니어링과 같은 기술 직군은 빠르게 확대되고 있다. 회사가 스스로를 '금융 기업이 아닌 금융 소프트웨어 회사'로 규정하기 시작한 배경도 여기에 있다.

결국 골드만삭스의 AI 도입 사례는 디지털 혁신이 단순한 효율성 향상을 넘어, 핵심 가치사슬 자체를 재편하는 근본적 변화임을 보여준다. 시장 분석에서 딜 구조화, 트레이딩, 리스크 관리, 고객 자문에 이르기까지 금융의 핵심 프로세스 전반이 AI 기반으로 재설계되었고, 조직은 금융 전문가 중심 구조에서 기술 전문가 중심의 테크하우스(Tech House)형 구조로 재편되고 있다. 과거 수주에서 수개월이 걸리던 고난도 분석과 의사결정은 이제 AI가 실시간으로 수행하며, 인간 전문가의 역할은 '전략적 해석'과 '최종 의사결정'에 집중되는 방식으로 변화하고 있다.

Kensho가 촉발한 분석 자동화 위에 생성형 AI와 사내 LLM이 결합되면서, 골드만삭스는 글로벌 금융회사 중 가장 빠르게 '핵심 업무의 디지털화'를 구현한 사례로 자리매김하고 있다. 이는 금융업의 미래가 단순한 기술 도입을 넘어, 비즈니스 모델과 운영체계 전체를 디지털 기반으로 재정의하는 방향으로 이동하고 있음을 단적으로 보여주는 대표적 사례이다.

○ 사례 5 | AI시대 핵심업무 디지털화의 심화: EPIC GPT-4에서 Microsoft AI Diagnostic Orchestrator로 확장

미국의 헬스케어 업체인 EPIC은, GPT-4 기술을 활용해 건강 관리 및 의료진의 환자 상담에 획기적인 디지털 혁신을 진행 중이다.

EPIC의 R&D Senior Vice President인 Seth Hain은 최근 GPT-4 기술을 활용한 환자와 의사 간 진료 상황 이후에 발생하는 문서 관련 작업을 줄이고, 데이터를 대화 형식으로 쉽게 활용해 관리할 수 있도록 고객 경험을 진일보시켰다고 평가하고 있다(그림 24).

 EPIC의 GPT-4 도입 연구 사례 딫 비즈니스 효과

의사는 환자와 진료 상담 시작 전에 진료 상담에 대한 녹취 동의를 획득한 후에 진료를 시작한다. 의사와 환자가 편안한 환경에서 환자 상태 및 진료에 대한 내용, 병원 및 처치 처방 등을 완료한 후에 의사와 환자의 진료 대화는 DAX 솔루션에 STT(Speech To Text) 기술을 활용해 자동으로 녹취가 되고 동시에 진료 상담과 진료 처방에 관한 내용을 각각 구분해 자동으로 저장한다. 의사는 환자 진료 기록이 시스템으로 제대로 전송이 되었는지 확인한 이후에, 시스템의 기록을 확인했다고 음성으로 확인한 후 EMR(Electronic Medical Record)로 전송을 지시한다. 이러한 EPIC은 DAX로 명명되는 'AI Charting(진료 중 입력되는 임상노트 자동화)' 도구 외에, 'Penny'라고

불리는 병원 수익주기-코딩, 청구, 거절대응(denial appeals)을 보조
하는 AI 에이전트, 'Emmie'라고 불리는 환자용 AI, 즉 예약 스케줄
링, 검사결과 설명, 후속방문 안내, 건강검진 권유 등을 제공하는 챗
봇/헬스 어시스턴트 등 AI를 단순한 문서 자동화로 활용하는 수준
을 넘어서서 '의사 + 간호사 + 환자 + 병원 운영 전체흐름'에 영향을
주는 실질적인 변화단계로 진화하고 있다. 즉, 의사와 간호사의 업
무 시간을 절약해 환자 진료에 더 집중할 수 있도록 만들고, 환자에
게는 더 빠르고 친숙한 커뮤니케이션 경험을 제공함으로써 의료 현
장 전체의 서비스 품질이 향상되는 전환점을 만들어내고 있다.

 환자 진료 경험을 개선한 EPIC의 DAX솔루션

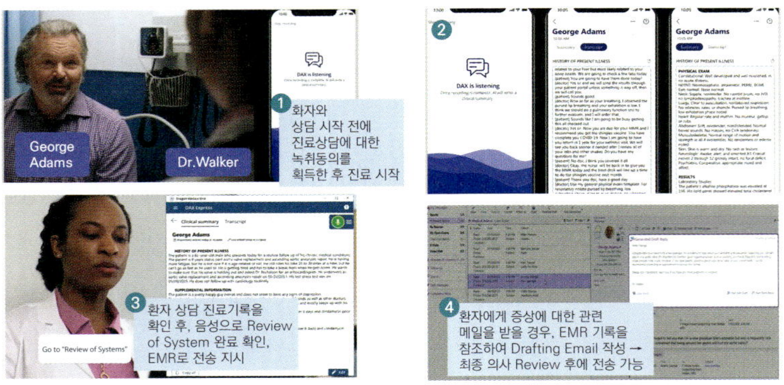

또한 우리나라와 비교할 때 미국은 의료비가 비싸고, 의료 보험
에 제대로 가입하지 않았다면 더 많은 의료비를 부담하며, 우리나
라와 달리 의료 서비스를 받기 위해서 차를 타고 오랜 시간 이동하
는 경우가 다반사이므로, 진료 이후 이메일로 의사와 상담하는 경
우가 빈번하다. 이렇게 진료 이후에 이뤄지는 이메일 커뮤니케이션

은 의료진의 피로도를 높이는 요인이 됐다. 하지만 EPIC의 DAX 솔루션 도입 이후 의사가 환자 증상에 관한 이메일을 받으면 DAX 솔루션이 환자의 EMR 기록을 참고해 메일 초안을 자동으로 작성하고, 의사가 최종으로 확인한 후에 이메일 전송이 가능하도록 설계해 의사의 피로도를 낮추는 데 중요한 역할을 하고 있다. EPIC의 GPT-4를 활용한 DAX 해결책의 도입으로, 환자 진료 이후 수행되는 의사의 문서 작업을 50% 이상 덜어 주었으며, 업무 외에 이메일 커뮤니케이션 등으로 발생하는 피로도와 번아웃을 70% 이상 감소시켰다.

EPIC의 GPT-4 도입 사례는 AI가 의료 현장의 핵심 업무를 어떻게 디지털화할 수 있는지를 잘 보여준다. 이 사례에서 AI는 진료 기록 작성, 임상 노트 요약, 환자 커뮤니케이션 초안 생성과 같은 반복적이고 행정적인 업무를 자동화함으로써, 의료진이 보다 본질적인 진료 활동에 집중할 수 있도록 지원한다. 이는 AI 시대 핵심 업무 디지털화의 초기 단계로서, 업무 실행과 워크플로우의 디지털화라는 측면에서 중요한 의미를 가진다.

그러나 AI 기술의 발전은 이러한 업무 자동화 수준을 넘어, 의사의 판단과 진단 과정 자체를 디지털화하고 지능화하는 단계로 빠르게 확장되고 있다. 마이크로소프트 리서치에서 발표한 MAI-DxO(Microsoft AI Diagnostic Orchestrator)는 이러한 변화의 다음 단계를 보여주는 대표적인 사례이다. MAI-DxO는 단일 AI 모델이 아닌, GPT-4, Claude 등 복수의 대규모 언어 모델을 역할별로 분리하여 활용하는 다중 에이전트 구조를 기반으로 설계되었다. 각 에이전트는 가설 설정, 추가 검사 제안, 테스트 주문, 편향 검증 등의 역할을 분담하고, 토론 방식으로 상호 검증을 수행함으로써 실제 임상의의 단계적 진단 사고 과정을 모사한다.

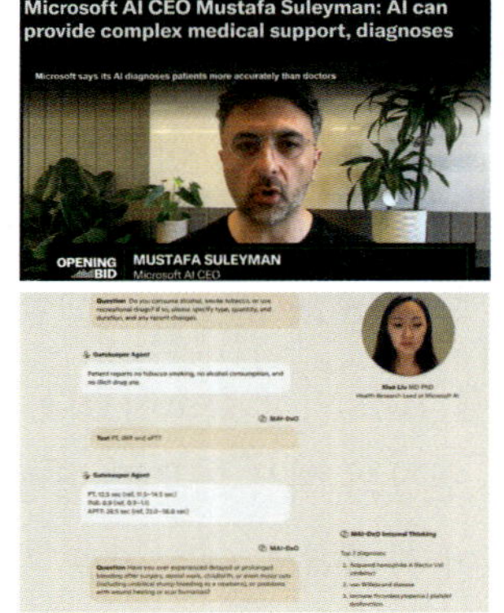

We are 5–10 years away from near error-free medical AI

항목	내용
정확도	85.5%, 현직 의사 대비 (20%의 정확도) 4배
비용	의사 직접 진단대비 검사 비용 평균 20% 절감
진단 구조	다중 에이전트 구조* + 순차적 단계진단 벤치마크**
현황	연구 단계 / 임상 도입 전
미래 활용	의료 보조, 의사교육에 활용, 의료 인프라 부족한 지역에 대한 의료서비스 접근성 확대, Copilot 통합 예상

*다중 에이전트 구조: GPT, Claude 등 여러 LLM들이 각각 가설제시, 테스트주문, 편향점검 등 역할을 나누어서 수행하고 토론방식으로 협의
** NEJM 사례 304건을 사용하여 실제 임상처럼 단계별 질문-검사-진단 과정을 추적

실험 결과에 따르면, MAI-DxO는 85.5%의 진단 정확도를 기록하여 기존 현직 의사의 평균 정확도 대비 약 4배 수준의 성과를 보였으며, 의사가 직접 진단을 수행할 때 대비 검사 비용을 평균 20% 이상 절감할 수 있는 가능성을 제시하였다. 특히 MAI-DxO는 NEJM(New England Journal of Medicine)에 수록된 304건의 임상 사례를 활용하여, 실제 임상 현장에서 이루어지는 질문-검사-진단의 순차적 과정을 추적하고 재현함으로써, 단순 결과 예측이 아닌 의료 의사결정 구조 자체의 디지털화를 시도했다는 점에서 기존 의료 AI와 차별성을 가진다.

현재 MAI-DxO는 연구 단계에 머물러 있으며, 임상 현장에 직접 적용되기 이전의 검증 과정에 있다. 그러나 향후 의료 보조 의사결정 지원, 의사 교육 및 훈련, 의료 인프라가 부족한 지역에서의 의료 서비스 접근성 확대 등 다양한 영역에서 활용될 가능성이 제시되고 있다. 특히 EPIC과 같은 EMR 플랫폼에 내재된 GPT-4 기반 업무 자동화 기능과 결합될 경우, MAI-DxO와 같은 진단 오케스트레이션 구조는 의료 Copilot 형태로 통합되어, 업무 실행의 디지털화(Epic GPT-4)와 의사결정의 지능화(MAI-DxO)가 하나의 연속된 핵심 업무 디지털화 구조로 수렴할 가능성이 크다.

이 두 사례를 종합해 보면, AI 시대의 핵심 업무 디지털화는 단순히 기존 업무를 빠르게 처리하는 수준을 넘어, 업무 실행 → 판단 → 의사결정에 이르는 전 과정이 단계적으로 AI에 의해 재설계되는 진화적 과정임을 알 수 있다. EPIC의 GPT-4 도입이 의료 핵심 업무의 실행 방식을 디지털화한 사례라면, MAI-DxO는 그 다음 단계로서 전문직 고유 영역이었던 진단과 판단의 구조까지 디지털화될 수 있음을 보여주는 사례라고 할 수 있다. 이는 AI 시대 핵심업무의 디지털화가 자동화의 문제가 아니라, 인간과 AI의 역할 재정의를 통한 업무 구조 혁신의 문제임을 시사한다.

제9절

신규 사업 기회 발굴

디지털 기술의 가장 큰 장점은 디지털 기술을 활용하면 디지털 기술 기반의 새로운 사업 발굴에 쉽다는 점이다. 네이버의 경우를 보자. 우리나라 최고의 인터넷 포털을 운영하는 네이버는, 네이버를 통해서 취득한 고객정보 및 고객의 검색 이력 분석으로 신규 사업 진출이 훨씬 더 쉽다. 네이버에 들어오는 고객 트래픽을 활용해 네이버 쇼핑이라는 이커머스 시장에 손쉽게 진출할 수 있었으며, 폭발적으로 성장한 네이버 쇼핑에 간편 결제 기능을 추가한 네이버 페이를 통해서, 모바일 페이먼트(결제) 시장도 손쉽게 진출할 수 있었다. 전통 기업의 경우에 기존 산업에 대한 전문성 및 고유한 자산을 기반으로 디지털 기술과 접목했을 때 기존 사업의 범위를 넘는 신규 사업으로의 진출이 용이할 수 있다. 또한 이런 디지털 기술 기반의 신사업 진출은 새로운 수익 모델의 발굴뿐만 아니라, 디지털 시대에 뛰어난 기술을 가진 인재를 확보할 수 있는 계기가 된다. 디지털 기술 기반의 신사업은 디지털 신사업 진행을 위한 방법론이 필요하다. Hack-A-Future(고객의 수많은 불만 요소를 도출 및 분석), Innovation Sprint(수많은 아이디어에 대한 가능성을 사업 기획하는 방법론), Minimum

 **그림 27** 디지털 기술을 활용한 신규 사업 기회 발굴

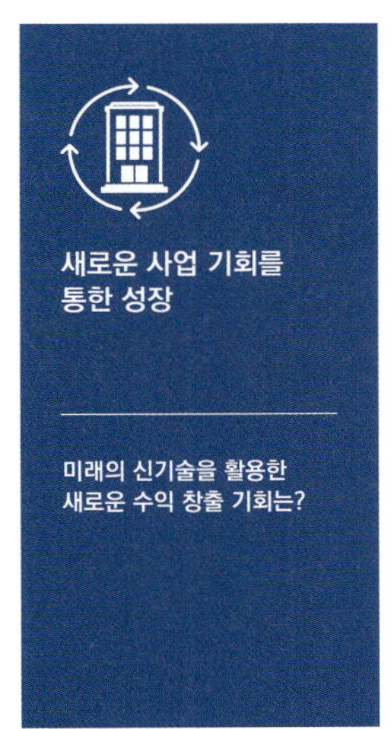

개념
정의

- 2가지 측면의 목적 존재: 디지털 시대의 새로운 수익 모델 발굴 및 디지털 인재 확보/유치
- 기존 사업 영역 boundary를 뛰어넘는 새로운 영역에서의 New tech 접목
- 디지털 신사업 진행 방법론 필요*
- 기존 조직과 완벽한 조직/인력 분리로, 새로운 사업도 모색 가능

선도
사례

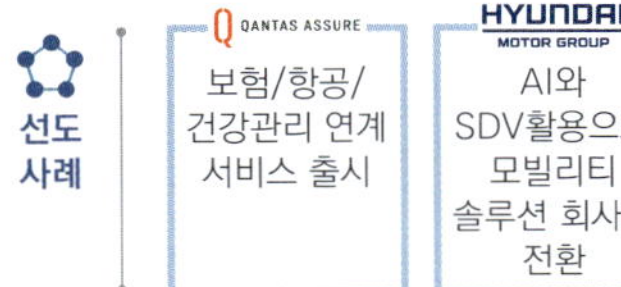

| 보험/항공/건강관리 연계 서비스 출시 | AI와 SDV활용으로 모빌리티 솔루션 회사로 전환 | 고객 경험 완성을 위한 디지털 전업 은행 출범 |

* Hack-A-Future(고객의 수많은 불만 요소를 도출 및 분석), Innovation sprint (수많은 아이디어에 대해서 가능성을 사업기획화 하는 Venture/start-up 진행 독특한 방식 참고) Minimum Viable Product (MVP) 등 활용 가능

Viable Product(MVP: '어떤 서비스가 있다면 어떤 문제를 해결할 수 있을 것이다'라는 가설을 빠르게 검증하기 위한 용도로 활용되며, 검증하고자 하는 어떤 서비스가 실행이 가능한 최소한의 상태를 정의하는 것) 등의 다양한 디지털 신사업 방법론이 필요하다(그림 27).

↻ 사례 6 | 디지털 기술을 활용한 신규 사업 기회 발굴, Qantas Assurance

호주의 유일한 국적 항공사인 Qantas를 포함한 많은 항공사의 풀리지 않은 고민 중 하나는 항공사가 갖고 있는 마일리지를 빠르게 소진하는 방법을 찾는 것이다. 항공사에서는 고객이 보유한 마일리지가 아직 실현되지 않은 부채와 같은 것으로 취급된다. 항공사가 이용 고객에게 제공하는 보상인 마일리지는 재무제표에 선수금과 이연수익으로 나누어서 계산된다. 선수금과 이연수익은 부채로, 고객이 마일리지를 사용하거나 마일리지 사용 기간이 지나면 수익으로 바뀐다. 2022년 기준으로 대한항공은 마일리지 부채가 2조 7천억 원을 돌파해, 지난 5년간 최대 규모를 기록했다. 그동안 코로나19 펜데믹으로 막혔던 하늘길이 열리면서 이용 고객이 급증함에 따라 제공하는 마일리지도 증가하고 있다. 따라서 많은 항공사는 마일리지 보너스 좌석 공급을 확대하고, 다양한 마일리지 할인 프로모션을 만들어서 마일리지 소진을 유도하는 등 마일리지 사용처 확대(기내면세품 구매 포함)를 통해서 마일리지 소진을 위한 다양한 방법을 제시하고 있다. 여기서 Qantas 항공이 디지털 신사업 진출을 통해서 많은 항공사가 고민하는 마일리지 소진을 확대하고, 디지털 기술 기반의 신규 사업 진출을 통해 새로운 수익 모델을 확보한 사례를 공유하고자 한다(그림 28). Qantas는 디지털 기술을 기반으로 Qantas Assure라는 디지털 보험사를 설립하고 신규 사업에 진출한다.

이런 신규 사업의 배경에는 Qantas가 확보하는 마일리지 우수 고객이 보험사가 목표로 하는 잠재 우량 고객이라는 점이 담겨 있다. 보험 회사가 목표로 하는 잠재 우량 고객은 재정적으로 보험료 지불 여력이 있고, 건강한 고객으로 향후 보험금을 수령할 가능성이 최대한 낮은 고객이어야 한다. 항공사의 우수 마일리지 고객은 비싼 항공 티켓을 자주 이용할 수 있을 정도로 재정적인 여력이 있고 비행기를 자유롭게 이용할 수 있을 정도로 건강한 사람이라는 뜻이다. 따라서 Qantas는 항공사 고객이 건강과 관련한 다양한 활동, 가령 걷기 운동, 수영, 달리기 등의 활동이나 운동을 하면 마일리지가 적립되도록 디지털 기술 기반의 건강 웰빙 앱을 만들고, 일상 활동에 대한 고객 보상 프로그램을 고안했다. 걷거나 뛰거나 움직이기만 해도 마일리지를 적립할 수 있게 했다. 단 하나의 조건은 Qantas Assure라는 건강 보험에 가입하는 조건이다. 호주 국립 심장 건강 재단도 추천하는 이 프로그램은 다음과 같이 이용해야 한다. Qantas Assure 보험에 가입한 후 해당 앱(걸음걸이 측정용)을 다운로드하면 첫 해에 7만 포인트까지 적립해 준다. 7만 포인트는 호주 시드니에서 영국 런던까지의 항공권을 살 수 있는 포인트다. 그리고 다음 해부터는 고객의 활동량에 따라 연간 15,000마일까지 보험 종류를 고려해 적립하게 하고, 여행자 보험이나 생명 보험 등을 마일리지로 구매할 수 있도록 했다. Qantas 마일리지 프로그램의 대표는 "Qantas 마일리지 프로그램에 이미 1,100만 고객이 가입했으며, 전체 호주인의 1/4(호주 전체 인구의 48%)이 스마트폰 등으로 자기의 건강을 모니터링하고 있다. 따라서 활동적인 삶을 권장하는 마일리지 프로그램은 당연히 인기가 높을 것이라고 기대한다"라고 말했다.

이 프로그램은 항공기 이용 및 다양한 활동으로 적립한 마일리지를 비행기 티켓 구매나 보험료 할인 및 보험 구매에 활용함으로써 항공사가 갖고 있던 마일리지 소진을 가속화하는 데 큰 도움을 주었다. 이 프로그램의 전제는 1) 활동적인 고객이 더 건강한 고객일 것이며 2) 이런 고객이 보험 청구가 낮을 것이라는 계산이다(Rowan, 2020). 또한 이러한 신규 사업으로 빠르게 전환할 수 있었던 핵심은 항공사가 확보하는 양질의 고객정보와 고객이 하는 다양한 건강과 관련한 활동들을 즉각적으로 모니터링하고 반영할 수 있게 한 스마트폰의 확산과 이런 신규 사업 기회를 디지털 기반으로 가능하게 한 기술이다.

 디지털 기술을 활용해 신규 사업의 기회를 포착한 Qantas 항공

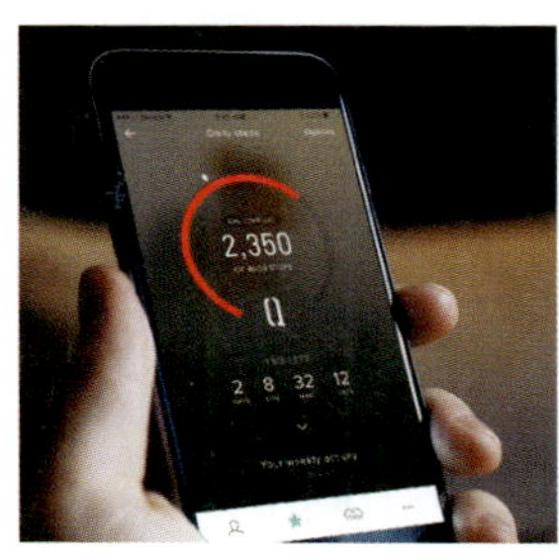

선도 로컬 건강 보험사와의 파트너십 체결

수영, 사이클링 등 다양한 activity로 포인트 적립

항공 마일리지 및 운동 포인트를 비행기 티켓 구매나 보험료 할인에 자유롭게 활용

1,100만 고객 획득(호주 인구의 48%)

참조: 호주 No.1 멤버십 프로그램으로 성장하였음(2018년도 기준)

그림 29 현대자동차 그룹의 디지털 기술 중심 모빌리티 신사업 확대

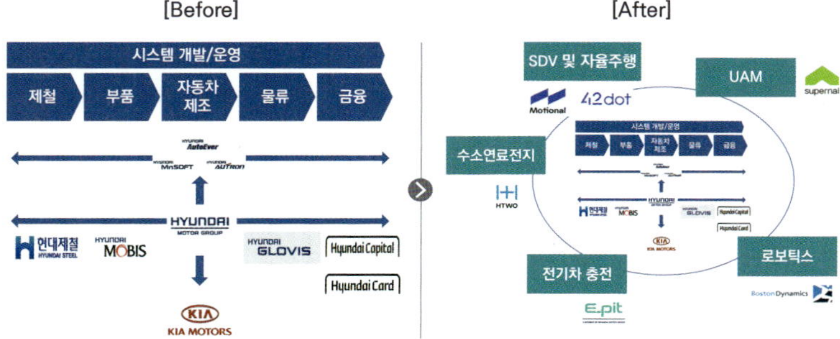

　　디지털 신기술을 기반으로 전통적인 자동차 제조업체에서 새로운 모빌리티 신사업으로 확대하고 있는 대표적인 기업이 현대자동차그룹이다. 현대자동차 그룹의 경우 전통적인 자동차 산업의 Value Chain에서 전후방산업으로 확대를 도모해 왔다. 현대자동차는 자동차 생산 규모 확대를 위해서 IMF 이후 심각한 재정위기에 처해있던 기아 자동차를 부채를 탕감받는 조건으로 1998년에 인수했다. 또 현대제철도 2000년대 초반 강원산업 및 삼미특수강을 인수하고, 2004년에는 한보철강의 당진공장의 인수를 통해서 자동차 강판 제조 사업으로 큰 성장을 이뤘다. 또한 현대 모비스 등의 현대자동차/기아자동차에 공급하는 주요 1차 자동차 부품제조 산업으로의 확대를 통해서 안정적인 부품 공급망을 구축하였으며, 자동차 산업에서 중요한 안정적인 물류망 공급 구축을 위해서 2001년 현대

글로비스라는 회사를 설립하여 물류사업으로 진출한 것이 대표적인 사례이다.

하지만 최근 현대자동차그룹은 본연이 갖고 있던 자동차 제조 능력 기반에 디지털 기술을 접목한 새로운 신규 사업으로 진출을 적극 모색하고 있다. 특히 기존 내연기관의 자동차에서 전기자동차(Elective Vehicle)로 전환이 가속화되고, 테슬라가 촉발할 자율주행기술이 자동차 미래기술의 핵심 경쟁력으로 부상하면서 자동차 전동화 지원을 위한 소프트웨어 개발 역량이 중요해지고, SDV(Software Defined Vehicle)의 역량을 갖추는 것이 매우 중요해졌다. 현대자동차그룹은 2030년까지 총 18조 원을 투자하여, 모든 차종을 SDV로 전환할 계획을 발표하였다(신윤호, 2022). 이를 통해 차량의 성능과 기능을 계속 업데이트하고, 고객에게는 최신 상태의 차량 정보를 제공할 수 있을 것이다. 이를 위해서 현대자동차그룹은 미국 자율 주행 기술 기업인 앱티브(Aptive)라는 회사와 공동으로 2020년에 모셔널(Motional)이라는 Joint Venture를 설립하였고, 2024년 이후에 이 회사를 완전 자회사로 인수하였으며(신정은, 2024), 42dot과 협력하여 최신 SDV기술을 개발하고 있다(현대자동차, 2024). 자율 주행 영역에서도 레벨 3 이상 자율주행 기술을 적용한 차량을 개발 중이며, 안전하고 편리한 이동경험을 고객에게 제공하려고 노력하고 있다.

현대자동차그룹은 다른 기술회사와 제휴 혹은 투자, 기업 인수 등을 통해서 SDV 전환을 빠르게 진행하고 있으며, 소프트웨어 개발역량 확보에 집중하고 있다. 전기차 충전사업의 경우 E-Pit이라는 초고속 충전네트워크를 운영하고 있으며, 롯데그룹, KB자산운용 등과 협력하여 전기차 초고속 충전 인프라 특수목적법인(SPC: Special Purpose Company)을 설립하여 전국에 약 5,000개의 초고속 충전기를 설치할 계획이다(노정동, 2022). 또한, 미래 모빌리티 사업과 로보 틱스 기술 강화를 위해서 스폿(Spot)이라는 4족 보행로봇으로 유명한 Boston Dynamics라는 업체를 인수하여 안전하고, 효율적인 이동수단을 개발하고 스마트 공장과 같은 제조 생산 및 물류 등에서 로봇을 활용한 솔루션 개발 통해 현대자동차그룹에 직접 적용할 뿐만 아니라 현대자동차그룹의 미래 모빌리티 신사업으로 확대를 도모하고 있다.

최근 현대자동차그룹에서 미래 모빌리티 신사업으로 확대를 위해서 많은 투자를 하고 있는 영역은 도심항공 모빌리티(UAM: Urbain Air Mobility)이다. 선진국의 경우에 출산율이 낮아지고 인구가 고령화되면서 신규차량 구매 성장이 정체되고 있으며, 많은 국가가 교통체증과 환경 문제에 관심을 갖기 시작하면서, 도심 내 이동 효율성을 극대화하고 친환경 에너지를 사용하는 새로운 이동 수단에 관한 관심이 높아졌다. 따라서 많은 기업들이 UAM을 그 대안으로 보고 이 부분에 대한 투자를 진행하고 있다. 현대자동차그룹도 2019년도에 UAM 전담부서를 신설하여, Supernal이라는 독립법인을 미국에 세우고, 항공기 기체 개발을 위한 형상설계, 비행제어 소프트웨어, 안전 기술 등 핵심 기술을 확보하고 개발하여, 2028년 상용화를 목표로 디지털 생태계 협력 파트너들과 다양한 기술협력을 진행하고 있다(정연우, 2022). 현대자동차그룹은 기존의 자동차 제조 능력을 바탕으로 디지털 기술을 접목한 신규 사업진출을 통해 전통적인 자동차 업체에서 혁신적인 모빌리티 기업으로 변화를 꾀하고 있다. 이러한 변화는 현대 자동차 그룹에게 시장의 변화에 빠르게 대응하고, 지속 가능한 발전을 가져다줄 것이며, 자동차 산업의 미래 경쟁력을 높이고, 고객에게 더 나은 가치를 제공할 것이다.

그림 30 Orange Spain의 SaaS형 보험 유통플랫폼 도입을 통한 신사업 진출 사례

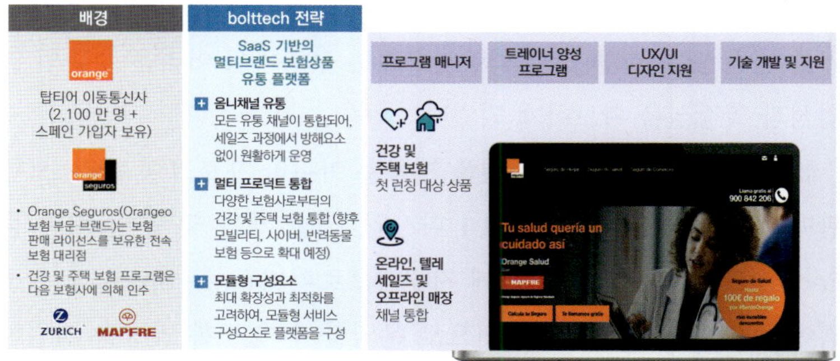

*출처: bolttech

스페인 1위 이동통신사인 Orange Spain은 약 2천 100만 명 이상 가입자 기반을 보유한 대형 통신 그룹으로, 통신 외 영역에서 새로운 성장을 창출하기 위해 디지털 기반의 신규 사업 기회를 모색해왔다. 특히 보험 분야는 기존 고객 접점과 브랜드 신뢰도를 활용하여 높은 부가가치를 창출할 수 있는 영역으로 평가되었지만, 한 번도 보험과 관련한 사업을 해본적이 없었던 Orange Spain이 다양한 보험상품을 다중 브랜드·다중 채널에서 운영하기 위해서는 복잡한 보험 유통 판매 시스템 개발 및 다중 보험 브랜드의 시스템 통합과 운영 혁신이 필수적이었다.

이러한 배경 속에서 Orange Spain은 글로벌 인슈어테크회사인

bolttech의 SaaS 기반 멀티-인슈러·멀티-브랜드 보험 유통 플랫폼을 도입하기로 결정하며 본격적인 디지털 혁신 기반의 신규 사업 확장을 추진하게 되었다. bolttech 플랫폼은 온라인, 매장, 텔레세일즈 등 모든 판매 채널을 하나의 시스템으로 통합하는 옴니채널 구조를 제공하고, 여러 보험사의 상품을 통합적으로 취급할 수 있는 멀티 캐리어 기능을 지원한다. 또한 API 기반의 모듈형 아키텍처를 기반으로 새로운 보험 상품이나 기능을 빠르게 추가할 수 있어 통신사가 기존 기술 및 시스템 개발 역량만으로는 구축하기 어려운 수준의 민첩성과 확장성을 확보하게 되었다.

bolttech은 보험 유통 플랫폼 제공뿐 아니라 프로그램 관리, 보험 판매자 양성 프로그램, UX/UI 디자인, 기술 개발 및 운영 지원 등 End to End 실행 역량을 함께 지원함으로써 Orange Spain 내부 조직이 보험 비즈니스를 자체적으로 운영할 수 있도록 역량을 지원하였다. 이를 통해 Orange Spain은 단순한 보험 위탁 판매를 넘어, 디지털 기반 보험 사업자에 가까운 운영 체계를 갖추게 되었으며 이는 기존 통신업의 한계를 넘는 의미 있는 디지털 혁신을 통한 신규 사업 확장의 사례로 이야기할 수 있다.

bolttech 플랫폼 기반에서 Orange Spain은 가장 먼저 Home, Health, SoHo 보험 상품을 출시했다. 고객은 온라인·오프라인 등 어떤 채널을 이용하더라도 동일한 경험을 제공받을 수 있으며, 주택 소유 여부에 따라 3분 내 가입이 가능한 간편한 가입 프로세스를 구현하였다. 또한 Orange, Jazztel, Yoigo, MásMóvil, Euskaltel 등 그룹 내 모든 브랜드에 공통 플랫폼을 적용해 보험 판매를 다중 브랜드로 빠르게 확장했고, 매장·온라인·콜센터 등 전 채널에서 보험 판매가 가능한 통합된 사업 구조를 완성하였다.

본 사례는 통신사가 보유한 고객 기반과 유통 채널을 디지털 기술로 재정의하여 새로운 보험 사업으로 확장한 대표적인 디지털 혁신 사례로 이야기할 수 있을 것이다. Crange Spain은 보험 신규 사업 진출을 고민하였을 때에, SaaS 플랫폼을 활용함으로써 복잡한 보험 인프라를 자체 구축하는 데 필요한 시간과 비용을 크게 줄이는 동시에, 고객 경험 개선과 운영 효율성 향상을 동시에 달성하였다. 또한 신규 사업의 성공여부가 불확실한 가운데에 SaaS 플랫폼 도입결정을 통하여 초기 시스템 투자비용을 현저하게 절감하였으며, bolttech이 가진 보험사 관리 네트워크 및 운영 관리시스템을 자연스럽게 이전 받음으로써 초기 신규 사업 진출 시 대다수 기업들이 겪을 수 있는 초기 시행착오를 현저히 줄일 수 있었고, 신규 사업의 성공 가능성을 높힐 수 있었다. 결과즈으로, 기존 산업의 경계를 넘어 새로운 시장에 성공적으로 진입한 강력한 디지털 사례라고 이야기할 수 있다.

제10절

조직&인력, 근무 방식, 업무 공간, 성과 평가 시스템의 변화, 데이터&분석, IT&기술, 디지털 생태계 구축

디지털 혁신을 위해서 필요한 디지털 기초 체력은 다음과 같은 다섯 가지다. 1) 조직과 인력, 근무 방식, 업무 공간의 변화, 2) 성과 평가 시스템의 변화, 3) 데이터 & 분석 역량, 4) IT & 디지털 기술,

5) 디지털 생태계 확보 및 협력체계 구축이다(그림 31).

첫 번째, 디지털 혁신의 핵심 요소인 조직과 인력, 근무 방식, 업무 공간의 변화는 디지털 혁신의 실행을 위해서 꼭 필요한 자원이다. 단순하게 디지털 혁신을 실행하기 위한 인력의 확보뿐만 아니라, 디지털 혁신을 빠르게 전환하고 내재화할 수 있는 조직 문화의 변화까지 고려해야 한다.

두 번째, 디지털 혁신의 핵심 요소는 성과 평가 시스템의 변화이다. 디지털 혁신의 성공적인 실행을 위해서 조직 구성원들이 디지털 혁신에 적극 동참하기 위해서는 조직 구성원 개개인들의 성과 평가 시스템의 변화가 꼭 필요하다.

세 번째, 디지털 혁신의 필요 핵심 요소는 데이터 확보 및 분석 역량이다. 기존에 확보된 고객 정보를 포함한 기업 내부의 데이터를 기반으로 다양한 유스 케이스(Use Case)를 발굴하고 이를 분석할 수 있는 기술적인 역량을 확보해야 한다. 데이터 아키텍쳐의 구조적인 변화 이전에 사업적인 관점에서 빅데이터 · AI 기반의 유스 케이스(Use Case)를 발굴해야 한다. 특히 최근에 ChatGPT로 확산되고 있는 생성형 AI의 확대로 유스 케이스를 실제 구현하는 진입 장벽이 매우 낮아졌다.

네 번째, 디지털 혁신의 필요 핵심 요소는 IT & 디지털 기술이다. AI 및 빅 데이터 기술 외에도 IoT, 블록체인 등 다양한 디지털 기술을 활용해 구현하려는 미래의 유스 케이스가 있다면 다양한 디지털 기술의 이해 및 조합을 기반으로 신속하게 구현할 수 있는 IT 역량 및 구축 지원 체계를 마련해야 한다. 뿐만 아니라 기존의 일차원적인 디지털 기술(Robotics Process Automation 등)을 뛰어넘어 미래의 기술(클라우드 컴퓨팅, AI 등)에 날을 세우고 항상 접목하려는 노력이 필요하다.

다섯 번째, 디지털 혁신의 필요 핵심 요소는 디지털 생태계(Digital Ecosystem) 구축이다. 이전의 IT 혁신과는 다르게, 디지털 시대로 전환하면서 새로운 기술을 개발하는 디지털 생태계 저변이 많이 확대됐다. 외부 디지털 플랫폼·기술 업체는 경쟁 관계가 아닌 협력 관계로 인식해야 하며, 과거로부터 이어온 전통적인 기존 사업을 영위하고 있는 많은 기업은 외부 디지털 플랫폼·기술업체와의 적극적인 협력을 통해서 새로운 신규 사업과 기존 사업의 혁신을 어떻게 접목할지 고민해야 한다. 금융 산업이 좋은 예가 될 수 있다. 금융 산업은 전통 금융 기업이 핀테크 업체와의 적극적인 협력이나 전략적 파트너십, 더 나아가 핀테크 기업의 인수를 통해서 디지털 역량 확보에 노력을 기울이고 있다.

그림 31 **디지털 혁신을 위한 디지털 기초 체력 요소**

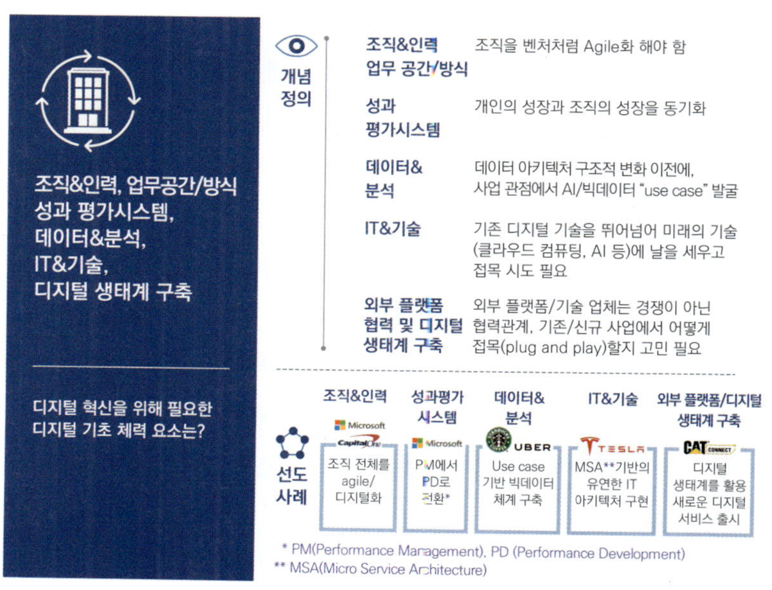

조직 & 인력의 변화

급성장하고 있는 디지털 서비스 기업의 조직을 분석하면 네 가지 특징을 보인다(그림 32).

그림 32 **급성장 중인 디지털 서비스 기업의 특징**

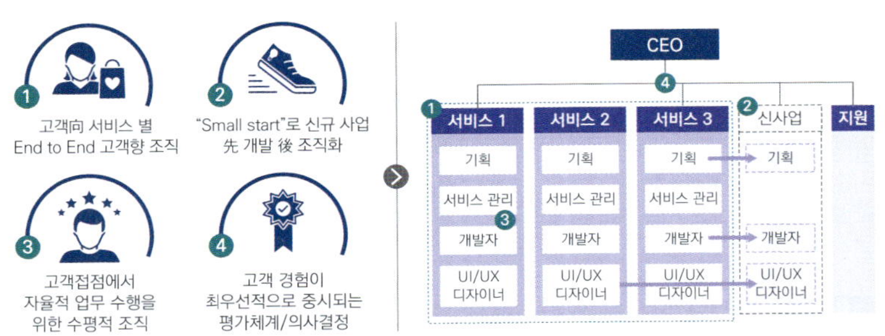

첫 번째 특징은 고객 지향 서비스를 빠르게 구현하기 위한 필요 기능 조직이 한군데 모여있는 End to End 서비스 조직이다. 디지털 기업은 공통적으로 고객에게 제공하는 서비스, 상품을 중심으로 기획-디자이너-개발자-서비스 운영 담당자 등이 하나의 완결형 조직을 구성하고 있다. 가령 네이버쇼핑, 네이버클라우드, 네이버페이 등의 여러 서비스는 각기 다른 고객향 조직에서 독자적인 기획자-UX·UI 디자이너-개발자-서비스 운영자 등이 신규 서비스 기획, UX·UI 개선, 신규 서비스 개발 및 기존 서비스 개선 등을 독자적인 인력으로 수행한다. 일반 기업이 새로운 디지털 서비스를 론칭한다면 서비스 기획 TF를 구성해서 별도로 인력을 차출하거나 외부 아웃소싱 업체를 활용해서 서비스를 만든 다음 서비스 운영 부서가 서비스 이관을 받아서 운영하는 '워터폴(Waterfall)' 방식과는 확연히 다르다.

두 번째 특징은 '스몰 스타트(Small Start)'이다. 디지털 기업의 성장은 대규모 조직과 자원을 먼저 투입하는 방식이 아니라, 최소 기능의 서비스를 빠르게 출시한 뒤 시장 반응에 따라 조직과 자원을 단계적으로 확장하는 구조를 따른다. 즈, 디지털 혁신의 출발점은 인력 규모가 아니라 빠른 실행과 학습이 가능한 조직 구조에 있다.

이러한 방식의 대표적인 사례가 LINE이다. LINE은 2011년 6월, 단 7명의 기획자·개발자·디자이너로 구성된 소규모 태스크포스(TF)에서 출발했다. 이후 메신저 서비스가 빠르게 확산되면서 조직과 기능이 점진적으로 확대되었고, 2020년에는 수천 명 규모의 글로벌 조직으로 성장했다. 2024년 말 기준으로 LINE은 NAVER 및 Yahoo Japan과의 통합을 거쳐 LINE Yahoo라는 대형 디지털 플랫폼 조직의 핵심 축으로 자리 잡았으며, 메신저를 넘어 광고, 커머스, 핀테크, 콘텐츠 등 다양한 서비스 영역으로 확장된 복합 플랫폼 기업으로 진화했다. 이와 같은 디지털 기업의 성장 방식은 공통된 패턴을 보인다. 소규모 인력으로 신규 서비스를 시작한 뒤, 트래픽과 고객 반응을 면밀히 관찰하고, 서비스가 빠르게 성장할 조짐을 보일 때 인력과 자금을 집중 투입해 규모를 키운다. 이 과정에서 검증된 서비스는 월간 활성 이용자(MAU) 수백만 단계를 넘어 수천만 사용자 기반의 핵심 플랫폼으로 성장하게 된다.

이러한 전략은 하나의 성공한 서비스가 다른 기능과 결합되며, 사용자가 쉽게 이탈하기 어려운 플랫폼으로 진화하는 기반이 된다. 예를 들어 카카오톡 역시 2010년 3월 최초 출시 당시에는 무료 그룹 채팅을 제공하는 단순한 메신저 앱에 불과했으나, 이후 QR 인증, 송금, 결제, 선물하기 등 다양한 기능을 결합하며 일상 전반을 포괄하는 슈퍼앱으로 성장했다.

이처럼 디지털·AI 시대의 조직과 서비스 전략은 '완성된 설계'에서 출발하는 것이 아니라, 작은 실행에서 시작해 검증된 성과에 자원을 집중하는 방식으로 설계될 때 가장 높은 성공 가능성을 갖는다.

세 번째 특징은 고객과의 접점에서 자율적인 업무 수행을 위한 수평적인 조직 구조와 문화이다. 2016년 삼성전자는 시대의 흐름에 맞지 않는 사고방식, 관행을 과감히 떨쳐내고 글로벌기업에 맞는 의식과 일하는 문화를 혁신하는 '스타트업 삼성 컬처 혁신'을 선언했다. '스타트업 삼성 컬처 혁신'의 배경은 조직 문화 혁신을 시작으로 스타트업 기업처럼 빠르게 실행하고 열린 소통의 문화를 지향하면서 계속 혁신하자는 것이었다. 이를 뒷받침하기 위한 주요 세부 내용은 1) 직급 단순화, 2) 수평적 호칭, 3) 선발형 승격, 4) 성과형 보상이었고, 이를 이미 디지털 기업은 시행하고 있었다. 카카오가 김범수 (전)의장을 '브라이언'이라는 영어 이름으로 호칭한다거나, 쿠팡에서 '닉네임+님'으로 부르는 것 등은 이제 널리 알려진 사실이다.

삼성전자의 '스타트업 삼성 컬처 혁신' 선언 이후 많은 전통 기업이 자율적 업무 수행을 위해 상무님, 부장님 등의 직급을 부르지 않고 이름에 '님'을 붙여 호칭하거나, 카카오처럼 영어 이름을 부르거나, 본부장, 팀장 등과 같은 직책으로 호칭하는 등 수평적 호칭 사용하기는 마치 유행처럼 번져 나가고 있다.

저자가 근무했었던 한국마이크로소프트도 부서와 직책을 넘어 하나의 목표에 집중하기 위한 커뮤니케이션 사고 확장의 일환으로 호칭을 '님'으로 통일했다. 전통적인 기업 대부분에 사원-대리-과장-차장-부장-이사-상무-전무-부사장-사장 등과 같은 직급이 아직도 존재한다. 전통 기업의 수직적인 직급 체계는 과거 전통 기업이 고도 성장기에 리더십의 전략에 따라 의사소통을 빠르게 하고 지시에 따라 일사불란하게 움직여 조직 공동의 성과를 창출하는 데에는 분명히 효과가 있었다. 하지만 수직적 직급 체계는 상위 직급과 다른 생각과 의견이 있을 때 의사소통이 어렵고, 하위 직급 직원에게 좋은 의견이나 아이디어가 있어도 수평적인 소통과 의견 개진이 어려운 단점이 있었다. 수평적 호칭과 직급 단순화, 서열보다는 능력을 통한 승격을 통해서 디지털 기업의 리더는 직급이나 나이가 아닌 역량에 따라서 자신들의 역할을 부여받을 수 있게 됐다. 역량 있는 리더가 디지털 기업의 힘이 됐고, 새로운 디지털 사업의 성장을 이끌었다.

즉, 디지털 혁신을 위해서는 다른 역할을 가진 조직과 사람 간의 협업이 매우 중요하며, 애자일 방법론의 조직 내 전파를 통해 일하는 방식의 변화, 즉 디지털 혁신 네이티브 조직으로서의 변화가 이뤄져야 한다. 존 칠드러스의 『컬처 레버리지』라는 책에 다음과 같은 이야기가 나온다(존 칠드러스, 2020). "우리가 했던 일은 사람들이 함께 일하는 방식을 바꾸는 것이었습니다. 그동안의 작업 프로세스와 그로 인해 형성된 하위문화가 우리를 나쁘게 만든 원인이었습니다.…" 일하는 방식을 한순간에 바꾸는 것은 쉽지 않다. 하지만 기업이 다른 조직과 협업을 통해 즉각적으로 눈에 띄는 변화를 이루기 위해 가장 손쉽게 진행할 수 있는 것은 업무 공간의 변화다.

네 번째 특징은 고객 경험의 향상과 개선이 조직의 평가 체계와 의사결정 구조에서 가장 중요한 기준으로 작동한다는 점이다. 앞서 언급한 End to End 고객지향 조직은 형식적인 조직 구조만으로는 완성되지 않는다. 전통 기업 역시 유사한 조직 구조를 도입할 수 있지만, 고객 경험을 최우선 가치로 두는 문화와 의사결정 원칙이 내재화되지 않으면 실질적인 변화로 이어지기 어렵다.

디지털 기업에서는 매출, 비용, 내부 효율성보다도 '이 결정이 고객 경험을 실제로 개선하는가?'가 의사결정의 출발점이 된다. 예를 들어 Amazon은 단기적인 비용 부담이 크더라도 배송 지연, 반품 불편, 고객 불만이 발생하는 영역에는 과감하게 투자해 왔다. 이는 고객 경험 지표가 장기적인 고객 충성도와 재구매율, 나아가 기업 가치로 연결된다는 명확한 인식에 기반한 결정이다.

또한 Netflix는 콘텐츠 제작이나 추천 알고리즘 개선 과정에서 내부의 직관이나 상위 의사결정자의 판단보다, 실제 고객의 시청 행동과 이탈 데이터를 우선적으로 반영한다. 특정 기능이나 콘텐츠가 내부적으로는 완성도가 높다고 평가되더라도, 고객 경험을 악화시키는 신호가 포착되면 즉각 수정하거나 철회하는 의사결정이 이루어진다.

이러한 조직에서는 고객 경험과 관련된 지표가 단순한 참고 자료가 아니라, 팀과 개인의 성과 평가, 보상, 투자 우선순위를 결정하는 핵심 기준으로 작동한다. 그 결과 고객 경험을 개선하는 행동이 곧 조직의 성과로 연결되는 구조가 만들어지고, 이는 디지털 기업이 지속적으로 고객의 선택을 받는 근본적인 경쟁력이 된다.

원격 근무, 하이브리드 워크 근무 방식으로 변화

코로나19 이후에 원격근무(Remote Work) 및 재택근무에 대한 니즈가 여전히 화두가 되고 있다. 지금까지 사무직군에 종사하는 직장인들은 9시에 출근해서 저녁 6시까지 내 책상과 책상 위에 있는 PC와 모니터 앞에서 업무를 처리하는 게 당연했다. 직원 수만큼의 책상과 사무 장비 지원이 필수적이었다. 다른 부서와 협업이나 협의가 필요하므로 회의실이라는 장소도 중요한 사무 공간의 요소 중 하

나였고, 대면으로 해야 하는 회의가 꼭 필요한 경우에는 출장이라는
물리적인 사람의 이동을 통해서 협업을 진행해 왔다. 그러나 9시에
사무실에 출근해서 저녁 6시까지 퇴근하는 전통적인 근무 형태에
대한 MZ(밀레니얼(Millennials) 세대와 Z세대(Generation Z)를 합쳐 부르
는 말)의 생각은 기존 세대들과 많이 달라졌다. 2023년 틱톡(Tiktok)
에서는 "오전 9시부터 오후 5시까지 근므하는 일명 9 to 5 근무제가
너무 힘들다"라는 영상이 크게 화제가 도 었다(그림 33).

 전통적인 근무 형태에 대한 MZ세대의 생각

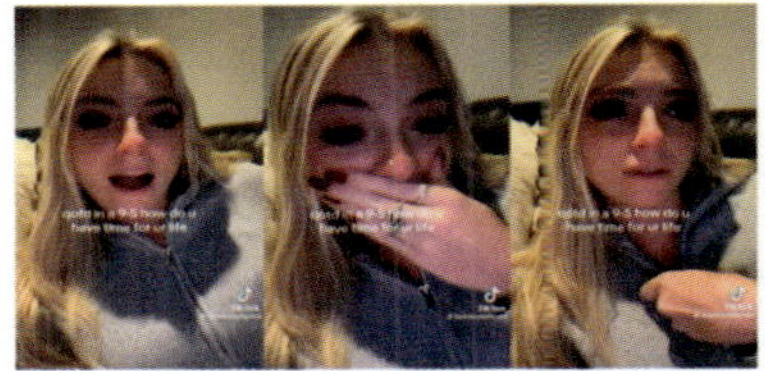

　　해당 동영상은 미국 젊은이들에게 큰 공감을 받았다. 그 영상은
영상이 업로드된 지 불과 며칠 만에 '좋아요' 수 12만 개를 돌파했으
며, "주 4일 근무를 해야 한다"는 댓글도 줄지어 달렸다. 팬데믹 시

대를 거치고, 이후 '대사직의 시대(The Greatest Resignation)' 시대가 오고 있다고 한다. 대사직의 시대는 많은 사람이 자발적으로 직장을 떠나는 현상을 의미한다. 이 용어는 최근 몇 년 동안 특히 팬데믹 이후에 주목받기 시작했다. 팬데믹으로 인해 많은 사람이 자신의 직업과 삶의 우선순위를 재평가하게 되었고, 그 결과 사람들이 직장을 떠나거나 새로운 경력을 찾는 경향이 증가하기 시작했다.

최근 근로자들의 유연성과 삶의 질에 대한 요구가 급격히 증가하였다. 특히 팬데믹 종식 이후에 일상 회복이 대부분이 이루어졌지만, 원격 근무는 여전히 근로자들의 일상에서 중요한 부분으로 자리하고 있는 것으로 보인다. 가트너(Gartner)에서 분석한 그림 34를 살펴보면, 코로나19가 활성화되었던 2020년 대비, 2022년 팬데믹 종식 이후에 조금 줄어들기는 했지만 2022년과 2023년에 원격 근무와 하이브리드 근무의 근로자 비율은 51%에서 48%로 크게 떨어지지는 않고 있다. 특히, 직원들의 원격 근무에 대한 선호도가 높아지고, 마이크로소프트 팀즈(Teams)나 줌(Zoom)과 같은 화상 회의 솔루션 및 클라우드를 통한 문서 공동 작업 등 원격 업무를 지원하기 위한 솔루션이 확대되면서 많은 사무직 근로자들은 팬데믹 이후에도 원격 근무나 하이브리드 근무에 대한 유지를 회사에 계속 요구하고 있다. 그리고 AI와 같이 기업에서 필요로 하나 근로 시장에서 제공하는 데에는 제한이 있는 특정 영역에서 인재를 유치하기 위해서 강력한 임금 보상 체계 외에도 이러한 원격 근무나 하이브리드 근무의 허용을 인재 유치의 조건으로 내거는 기업들이 늘고 있다.

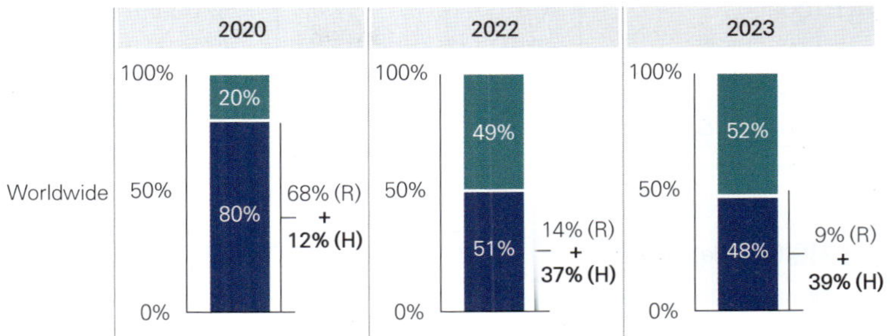

*출처: Gartner

　스마트폰의 보급과 통신 네트워크 기술의 발전에 따라 전화 등을 통한 콘퍼런스 콜, 화상 회의 등이 확산하긴 했지만, 코로나19 이전에 이런 방법은 글로벌 회사 혹은 국내 회사 중에서도 출장이 불가피한 경우에 Plan B로 활용됐을 뿐 주요 협업의 도구로 활용되지는 못했다. 하지만 코로나19 이후에 원격 근무를 지원하기 위한 제반 기술의 발전과 한 번이라도 원격 근무를 경험한 근로자들의 인식과 선호도의 증가로 상황은 많이 바뀌었다. 따라서, 디지털 시대의 일터에 대한 새로운 정의가 필요한 시점이 됐다.

　마이크로소프트에서는 사람(People), 장소(Place), 기술(Technology)에서 이루고자 하는 여러 목표를 고려해 새롭게 디지털 시대의 일터가 정의돼야 한다고 생각했다(표 5).

사람(People)	장소(Place)	기술(Technology)
목표(goals) • 생산성 극대화 • 협업 증진 • 우수 인력 영입 및 보유	목표(goals) • 이동 시간 낭비 최소화 • 공간 운영 효율 최적화	목표(goals) • 클라우드와 모바일 • IT 운영 부담 최소화

- **사람(People):** 디지털 제품·서비스가 출시될 수 있도록 직원들의 생산성 극대화를 지원해야 한다. 협업을 증진하기 위한 협업 도구, IT기기 지원 등이 필수적이다. Multi-tasking이 가능하며, 다른 사람과 유연한 협업이 가능한 인재로 채용 및 전환 육성이 필요하다.

- **장소(Place):** 주어진 시간 활용을 극대화하기 위해서 회의 참석 등을 위해 오고 가는 이동 시간 낭비를 최소화해야 한다. 이동 중에 업무를 지원하고 재택 등의 업무 지원이 활성화되면 개별 공간의 비중보다 협업 등을 지원하기 위한 공동 사무 공간의 활용이 높아지므로 공간 운영 효율성이 최적화된 환경으로의 전환이 필수적이다.

- **기술(Technology):** 클라우드와 모바일을 적극 활용해 온라인·모바일상에서도 공동 작업 및 협업 진행을 필수적으로 지원해야 한다. 급격한 업무 지원 기술의 도입 및 IT 운영 비용 증가 등을 종합적으로 고려해 IT 비용을 최적화할 필요가 있다.

애자일 조직의 구성 및 애자일 일하는 방식 변화로 인한 업무 공간 변화

많은 기업이 애자일 업무방식과 애자일 조직으로 전환하고 기존의 기능별 조직에서 다양한 부서들이 모여서 협업하는 경우가 늘어나면서. 애자일 업무 방식 및 애자일 조직전환은 기존 기업의 사무 공간에도 변화를 야기하고 있다(그림 35). 현대 대규모 조직에서는 비즈니스와 기술 요구사항이 빠르게 변화하는 환경에 민첩하게 대응하기 위해 애자일 프레임워크를 광범위하게 채택하고 있다. 그중에서도 Tribe와 Squad로 구성된 조직 모델은 스케일된 애자일 개발 방법론의 대표적인 구조로서, 자율성, 민첩성, 협업을 강화하는 데 중점을 둔다.

Tribe는 하나의 주요 목표를 중심으로 한 다수의 Squad로 구성된 조직 단위로, 모든 구성원이 한 장소에 모여 업무를 수행하는 Co-location 방식을 채택한다. 이를 통해 각 팀 간의 협업과 커뮤니케이션이 원활해지며, 서로 다른 기능을 담당하는 구성원들이 물리적으로 가까운 환경에서 빠르게 문제를 해결하고 피드백을 주고받을 수 있다. 일반적으로 하나의 Tribe는 6명에서 8명 정도의 소규모 Squad로 구성되며, 이들은 다양한 프로젝트와 기능을 분담하여 진행한다.

그림 35 **호주은행(NAB)에서의 애자일 업무전환으로 인한 사무 공간 변화**

- Tribe 전 직원은 한곳에 모여 업무 수행 (Co-location)

- 일반적인 Tribe는 다수의 스크럼 /squad(6-8명)로 구성

- 업무 초기 3~4개의 squad로 시작하며, 주요 features 개발에 따라 규모 확대

- Squad는 자발적으로 형성되며, 매 Cycle마다 새로이 구성됨
  → 추후 필요한 업무의 특성에 따라 squad 구성 결정

각 Squad는 자율적으로 운영되며, 특정 기능이나 목표에 따라 독립적으로 일을 진행할 수 있는 소규모 팀이다. Squad는 프로젝트의 주요 기능(Features) 개발에 따라 조직되며, 초기에는 3~4개의 Squad로 시작하지만, 프로젝트가 진행됨에 따라 필요에 따라 규

모가 확대된다. 중요한 특징은 각 Squad가 개발 주기(Cycle)마다 새롭게 구성된다는 점이다. 이를 통해 필요에 따라 최적화된 팀 구성이 가능하며, 프로젝트의 성격과 요구사항에 따라 그때그때 맞춤형 Squad를 만들 수 있다.

각 Squad에는 Product Owner(PO), Scrum Master, Business Analyst, Viability Lead, Technical PM, Strategic Designer, 기술 전문 Contractor 등 다양한 역할이 분담되어 있으며, 이들 각각의 전문성이 모여 하나의 기능을 빠르고 효율적으로 개발한다. 이 구조는 전통적인 수직적 명령 체계에서 벗어나, 각 구성원이 책임감을 가지고 자율적으로 업무를 수행할 수 있도록 장려한다. 특히 이 모델의 주요 장점은 팀원들이 서로 다른 전문성을 갖추고 있지만, 공통된 목표를 향해 긴밀하게 협업할 수 있다는 점이다. 이렇게 협업 중심의 조직 구조를 통해 고객의 피드백을 빠르게 반영하고, 반복적인 개선 과정을 거쳐 더욱 높은 품질의 결과물을 도출할 수 있다.

이와 같은 애자일 조직 구조는 ANZ, NAB, ING, Telenor와 같은 대규모 글로벌 기업에서도 효과적으로 적용되고 있으며, 지속적인 개선을 통한 경쟁력 강화를 목표로 한다. 기업들은 이러한 구조를 통해 변화하는 시장 환경에 유연하게 대응하고, 다양한 요구사항을 효율적으로 관리할 수 있는 체계를 마련하고 있다.

 Waterfall 업무 방식과 애자일 업무 방식 차이 및 비교 분석

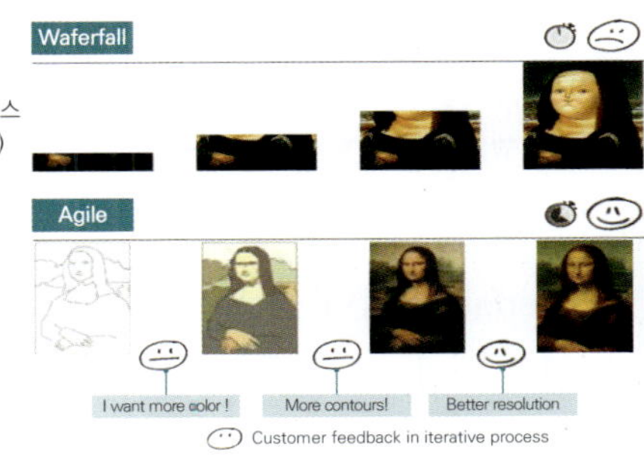

*출처: BCG internal analysis

기업 환경에서 소프트웨어 개발 방식을 선택하는 것은 프로젝트의 성공에 큰 영향을 미친다. 대표적인 두 가지 개발 방식으로는 Waterfall 방식과 애자일(Agile) 방법론이 있다. 두 방법론은 프로젝트 관리 및 소프트웨어 개발에 대한 접근 방식에서 큰 차이를 보인다(그림 36).

Waterfall 방식은 전통적인 순차적 접근 방식으로, 소프트웨어 개발의 각 단계가 이전 단계가 완료된 후에 진행된다. 초기 단계에서 요구사항을 명확히 정의하고, 이후에 이를 바탕으로 설계, 개발, 테스트, 배포가 순차적으로 진행된다. 이는 초기 설계에 대한 명확성이 높지만, 개발 중간에 요구사항 변경이 어려운 단점이 있다. 위 그림에서 보이듯, Waterfall 방식은 프로젝트 초기에 모든 설계가 완료되지만, 고객의 피드백을 즉각 반영할 수 없고, 결과물이 완성된 후에야 사용자가 이를 접할 수 있는 한계가 있다.

반면, 애자일 방식은 반복적이고 점진적인 접근 방식을 통해 프로젝트를 진행한다. 소규모 단위로 개발을 진행하며, 각 단위가 완료될 때마다 고객으로부터 피드백을 받아 다음 단계에 반영한다. 애자일 방법론의 핵심은 빠른 피드백과 유연성을 통해 요구사항 변화에 빠르게 대응할 수 있다는 점이다. 모나리자 그림이 완성되는 이미지에서 확인할 수 있듯이, 애자일 방법론을 활용하면 각 반복 주기마다 고객의 피드백이 반영되어 점차 완성도가 높은 결과물이 도출되는 과정을 보여준다.

Waterfall 방식이 큰 그림을 미리 계획하고 전 과정이 일관되게 진행되는 반면, 애자일 방식은 끊임없는 고객 피드백을 통해 실시간으로 변화하는 요구사항에 적응하는 방식을 취한다. 두 방식의 이러한 차이는 프로젝트의 성격에 따라 서로 다른 장단점을 제공한다. 특히 고객의 요구사항이 명확하지 않거나 빠르게 변화하는 환경, 특히 항상 새로운 디지털 혁신 기술이 출현하고, 이러한 기술을 빠르게 수용하여 받아들이는 환경에서는 애자일 방식의 적극 수용이 매우 중요해지게 되었다.

BCG(Boston Consulting Group)의 내부 분석 결과에 따르면, 애자일 방식의 도입은 정보량의 전년 대비 94% 증가, 개발자 1인당 정보처리량 38% 증가, 고객에게 제공되는 가치는 전년 대비 500% 이상 증가 등의 효과를 나타냈으며, 직원 만족도 또한 86%로 크게 향상되었음을 나타나고 있다. 이는 고객 중심의 반복적 피드백 과정이 개발자의 작업 효율성을 높이고, 더 나아가 고객의 요구에 더 적합한 솔루션을 제공하게 함을 시사한다고 할 수 있다. 이러한 애자일 업무방식이 디지털 기업들뿐만 아니라 디지털 혁신을 진행하는 일반 전통기업으로까지 확대가 되면서, 다양한 부서, 다양한 다른 기술 역량을 가진 직원들이 함께 일하는 업무 환경으로 전환이 되면서 업무 공간의 변화로 이어지고 있다. 특히, 호주의 은행들 역시 디지털 혁신의 과정을 거치고, 애자일 업무 방법론을 적극 도입하면서, 기업 업무 공간에도 변화를 불러왔다(그림 38).

 일반 기업의 사무 공간과 NAB 애자일 협업 공간 비교

즉시성과 협업을 강화하는 공간으로 변화

일반 기업 사무공간 예시

NAB Agile 협업공간 예시

"우리가 했던 일은 사람들이 함께 일하는 방식을 바꾸는 것이었습니다.
그동안의 우리 작업 프로세스와 그로 인해 형성된 하위 문화가 우리를 나쁘게 한 원인이었던 것입니다."

 호주 은행들(ANZ, NAB 등)의 애자일 현장

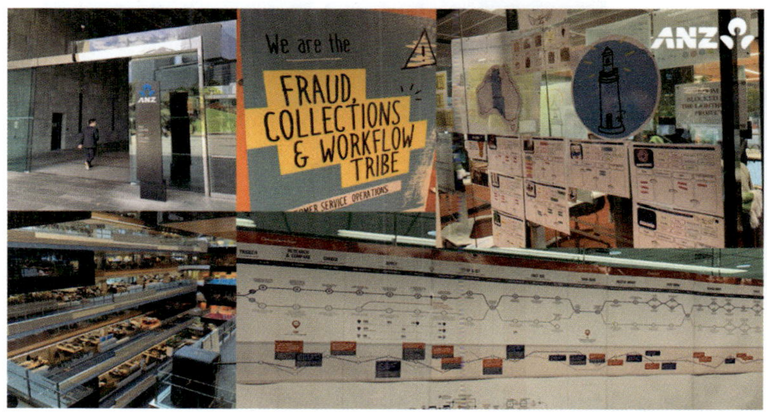

2 성과 평가 시스템의 변화

디지털 혁신 수행을 위해서는 외부에서 인재를 채용하고 내부에
서 인력을 전환하고 디지털 기업과 경쟁하기 위한 애자일 팀 등을

구성하고 수평적인 회의 문화를 만들기 위해 호칭 변경 및 발탁 승진 체계 등 인사 부분까지 포함한 종합적인 노력과 치밀한 전략이 필요하다는 것을, 앞서 다수 디지털 혁신 성공 사례를 통해 파악할 수 있었다. 이번에는 외부에서 영입된 디지털 인재와 내부 인력이 공동의 목표를 가지고 디지털 혁신을 성공시키기 위해서 조직 문화, 인사 평가 및 보상 체계 및 디지털 조직 구조를 단계적으로 어떻게 디자인할 것인지를 살펴보고자 한다(그림 39).

 성과 평가 체계의 변화: 성과 관리에서 성과 개발 방식으로

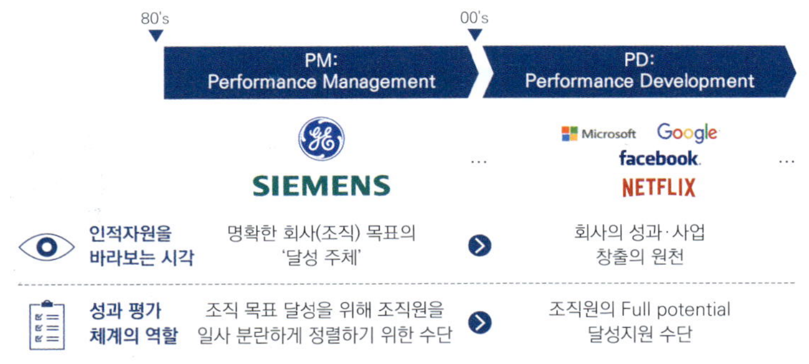

↻ 사례 9 | 마이크로소프트의 커넥트(Connect)

마이크로소프트에는 국내 전통 기업에서는 볼 수 없는 성과 평가 시스템이 있다. 그중 하나가 'Connect'라 불리는 성과 개발 (Performance Development) 프로그램이다. Connect는 마이크로소프트 CEO인 Satya Nadella가 마이크로소프트를 디지털 혁신을 하면서 바꾼 대표적인 인사 평가 시스템 변화의 산물 중 하나다.

Satya Nadella가 마이크로소프트에 취임하기 전 마이크로소프트의 문화는 기술에 집약된 'Aggressive Geek(적극적인 괴짜)'의 문화였고, 성과 평가와 직원 생산성에 집중한 문화였다. 특히 마이크로소프트는 제품 사업부 조직이 매우 경직돼 있고, 상호 협업이 안 되며, 이슈가 생겼을 때 서로 비난하는 문화를 가진 대표적인 기업이라는 풍문이 돌았다. 그뿐만 아니라 마이크로소프트는 윈도우 모바일 OS 및 윈도우 폰의 실패 등 연이은 악재로 모바일 시대에 제대로 대응하지 못한 기술 기업이라는 시장의 평가로 위기의식이 팽배했다.

이때 혜성같이 등장한 Satya Nadella는 마이크로소프트를 변화시키기 위해 여러 가지를 추진했다. 1) 제품 관련해서는 Window, Office, On-Promise 서버 같은 주요 제품군을 Window as a Service, O365, 애저(Azure)와 같은 클라우드 제품군으로 변환했다. 2) 비즈니스 모델도 라이선스 모델에서 구독 모델로 변환을 추진했다. 3) 내부 오퍼레이션도 디지털 기술 기반으로 효율화하는 작업을 수행하였다. 코로나19 시대에 마이크로소프트의 대표 제품군으로 자리매김한 화상 회의·협업 업무 지원 시스템인 마이크로소프트 팀즈도 내부 직원용 Apple리케이션에서 진화한 대표적인 사례다. Satya Nadella 회장은 기업의 진정한 디지털 혁신은 기업문화 혁신이며 결국 사람의 마음가짐이 혁신에 중요하다고 보았다.

기업문화 혁신과 임직원의 마인드셋 변화를 위해서 마이크로소프트는 각자 주어진 업무의 역할에 대한 명확한 정의를 내리기 시작했고, 연 단위로 관리하던 성과 평가 관리 방식에서 주기적인 성과 개발 방식으로 전환하였다.

이런 마이크로소프트의 성과 개발 방식을 'Connect'라고 이름 붙이고, 1년에 총 2회 매니저와 팀원 간에 Connect를 진행한다. 팀원은 다음 반기 동안 어떤 역량을 개발할 것인지 미리 명시하고, 마이크로소프트에서 제공하는 다양한 교육 프로그램을 통해서 역량 증대에 대한 구체적인 계획을 제시하게 된다. 또한 '성장 마인드셋(Growth Mindset)' 관점에서 다른 조직, 다른 사업부를 어떻게 도울지도 생각하게 한다. 그리고 마지막으로 본인이 그간 진행한 비즈니스 효과를 정량적으로 기술해 매니저와 논의하는 과정을 거치고 매니저는 1) 팀원의 개인 역량 및 성과 증대, 2) 기업 내 다른 조직과 협업하고 협업을 통해 성공할지, 3) 다른 사람의 성공 경험을 본인의 업무에 반영해 어떻게 자신의 업무에 성과를 만들어냈는지 종합적으로 고려해 긍정적인 비즈니스 효과를 HR 시스템에 기록한다. 1년에 두 차례 반복적인 Connect 활동을 통해서 계획이 제대로 지켜졌는지 계속 모니터링하고 팀워크나 협업도 주기적으로 관찰해 임직원이 회사가 기대하는 성과자로 자리매김할 수 있도록 변화를 유도하는 프로그램이다.

성과 평가 체계 진화

마이크로소프트에서 수행하는 성과 개발 프로그램은 최근 많은 디지털 기업이 진행하고 있는 인사 프로그램이다. 1980년대 GE에서 출발해 지난 40년간 많은 기업이 성과 관리 교과서로 추앙하던 인사 평가 프로그램은 과거 성과를 기반으로 한 성과 관리 방법론이었다. 그러나 현재 디지털 기업은, 미래 해야 할 일을 중심으로 빈번하게 진도를 체크하는 성과 개발 방법론을 채택하고 있다. 10년 전만 하더라도 기업의 약 75% 정도가 성과 관리 모델을 도입해 하위 低성과자를 골라 조직에서 내보내는 방식의 인사 평가를 수행했다. 하지만 지금은 반대로 기업의 75%가 'Coaching & development' 방식의 성과 개발 모델을 채택해 조직원들이 잘 일할 수 있도록 독려하는 방식으로 바꾸고 있다. 빠르게 변화하고 애자일 방법론으로 사업 목표의 궤도 수정이 빈번한 현실과 과거 연간 단위의 실적으로 평가하는 성과 관리 방법론이 맞지 않다고 보기 때문이다.

특히 디지털 인재의 상당 부분을 차지하는 MZ세대(밀레니얼 세대와 Z세대)는 조직에 대한 소속감이나 장기적 안정성보다 개인의 성과와 성장, 그리고 자기 주도적인 커리어 발전을 더욱 중요하게 인식하는 경향을 보인다. 통계청 자료에 따르면, 2024년 기준 대한민국 전체 인구 중 MZ세대가 차지하는 비중은 약 35% 내외로, 이들은 이미 노동시장과 기업 조직의 중심 세대로 자리 잡았다.

이러한 세대적 특성 속에서, 조직 구성원을 명확한 조직 목표 달성을 위한 수단으로 규정하고 성과를 의해 일사불란하게 정렬·관리하던 전통적인 성과 관리 방식은 한계를 드러내고 있다. 개인의 가치와 자기 개발 기회를 중시하는 디지털 인재에게 이러한 방식은 더 이상 효과적인 동기부여 수단이 되기 어렵다.

이에 따라 디지털 기업들은 조직 구성원을 단순한 실행 주체가 아니라, 회사 성과와 사업 성과를 창출하는 핵심 자산이자 원천으로 인식하고 있다. 이들은 구성원의 역량을 최대한 끌어내기 위해 유연한 조직 구조와 성과 중심의 보상 체계, 그리고 학습과 성장을 촉진하는 HR 프로그램을 통해 지속적인 성과 창출을 도모하고 있다.

미국 소프트웨어 회사인 Adobe는 2012년도에 Roll-out한 'Check-In'이라고 불리는 성과 개발 프로그램을 통해서 1년에 십만 시간을 절감했고, 팀원 간의 빈번한 소통을 통해 직원의 자발적인 퇴직을 감소시킨 효과가 있었다고 발표했다. 심지어 성과 관리 방법론을 최초로 개발했던 GE조차도 앞으로의 자기 개발 계획 및 변화 관리 아이템을 중심으로 매니저와 팀원 간의 소통을 통해 주기적으로 팀원들의 성과를 코칭하는 구조로 바꾸고 있다.

성과 관리와 성과 개발 비교

아직 대다수의 국내 전통 기업에는 익숙하지 않은 개념인 성과 개발은 성과 관리 체계와 여러 측면에서 다른 점을 보인다(그림 40). 성과 관리의 최우선 순위는 조직의 목표와 개인의 목표를 동기화하는 것이다. 그래서 성과 판단 기준을 조직 목표 대비 개인의 목표가 달성이 됐는지 '결과' 중심의 지표로 한 해 성과를 판단하게 된다. 많은 조직원과 상대적으로 비교하기 때문에 평가 방식은 정량화되고 객관화된 숫자를 중심으로 논의하게 되며, 전체 조직 성과를 팀-개인의 순으로 배분하는 구조다.

성과 개발의 최우선 순위는 구성원 개개인의 역량 발전이다. 특히 조직원 한 사람 한 사람의 성과가 조직 전체의 성과에 직결된다는 원칙으로 진행된다. 그래서 객관적인 결과도 참고는 하지만, 기본적으로 조직원의 새로운 기술 및 지식에 대한 학습량 및 학습 의지, 커뮤니케이션 방법, 업무에 임하는 태도 등 정성적이고 주관적인 부분에 대한 코칭이 많다. 개선 방향을 지적하고, 일정 시점이 경과한 후에는 본인의 개발 플랜에 대비한 진척도를 관리하는 방식이다. 이러한 성과 개발 방식은 공통적인 특징을 지닌다.

PM과 PD의 상이한 철학으로 운영됨

성과 개발의 최우선 순위는 구성원 개개인의 역량 발전이다. 특히 조직원 한 사람 한 사람의 성과가 조직 전체의 성과에 직결된다는 원칙으로 진행된다. 그래서 객관적인 결과도 참고는 하지만, 기본적으로 조직원의 새로운 기술 및 지식에 대한 학습량 및 학습 의지, 커뮤니케이션 방법, 업무에 임하는 태도 등 정성적이고 주관적인 부분에 대한 코칭이 많다. 개선 방향을 지적하고, 일정 시점이 경과한 후에는 본인의 개발 플랜에 대비한 진척도를 관리하는 방식이다. 이러한 성과 개발 방식은 공통적인 특징을 지닌다.

- **평가 주기(Cycle)의 단축:** 미래의 개발 플랜과 부족한 역량 개발을 위해서 무엇을 해야 하는지 상호 합의하는 과정에서 빈번하게 목표를 변경하고, 그간 진행된 성과에 대한 검토를 진행하기 때문에 주로 연 단위로 실시했던 성과 관리 모델과 달리 격월, 분기 혹은 반기 단위로 주기가 설정된다.

- **리뷰(Review) · 순위 평가(Rating)의 분리:** 팀원들이 업무 내용을 충분히 숙지하고 진행하는지, 개인 역량에 발전이 있었는지에 대한 전반적인 피드백을 제공하는 것이 성과 개발의 목적이기 때문에 연봉이나 승진, 보너스 등을 결정하는 등급 부여와는 분리된다. 마이크로소프트에서도 Connect에서 진

행한 성과 개발의 결과와 비즈니스 효과 결과를 기반으로 개인 고과·성과를 평가해 연봉 인상이나 보너스 비율을 결정하는 People Discussion과는 구분한다. 개인 역량을 판단하기 위해서 매니저와 팀원 간의 논의뿐만 아니라 다른 부서 혹은 동료의 의견을 적극 참고한다. 마이크로소프트에서도 'Perspective'라는 개념을 도입했다. '킵 두잉(Keep Doing)'과 '리 씽크(Re-think)'라는 항목으로 나눠 팀원이나 동료의 의견을 수집해 매니저가 직원들의 비공식적 코칭에 활용하고 있다.

- **엄격한 교정(Calibration) 수행:** 성과 관리는 전체 100명의 평가 대상자 중 상위 5%와 하위 5%를 골라내는 상대평가 방식이고, 성과 개발은 절대 평가 방식이다. 성과 관리 방식을 채택하면 한 평가자가 전체 조직원을 대상으로 성과 개발을 수행해 절대적인 기준에서 모든 사람을 평가할 수 있다. 하지만 다수의 평가자가 팀원을 비롯한 평가자를 대상으로 성과 개발 프로세스를 진행하므로, 최종적으로 모든 성과 개발 결과를 취합해서 모든 직원의 고과·성과를 엄격한 기준으로 평가하려면 개인의 역량 및 성과를 보정하는 교정작업 수행이 불가피하다.

3 ## 데이터&분석

디지털 혁신 실행 성공 요소 중의 하나인 데이터 & 분석에서 제일 중요한 것 하나를 뽑자면, 개인화(Personalization)이다. 개인 맞춤형 서비스는 알맞은 시간에 적합한 채널로 개개인 고객별로 최적의 완벽한 경험을 제공하는 것을 의미한다(그림 41).

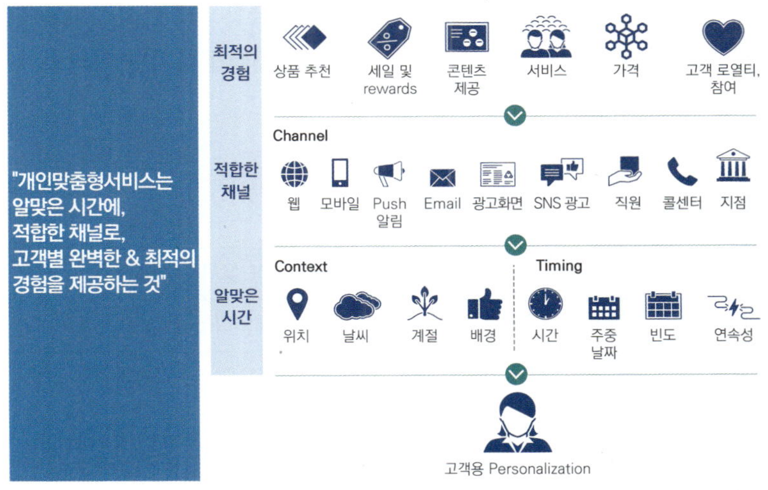

출처: BCG 프로젝트 경험

○ 사례 10 │ 스타벅스의 초개인화

초개인화(Hyper-Personalization)의 대표적인 성공 사례는 스타벅스다. 2016년 스타벅스는 '디지털-빅데이터 기반으로 새로운 커피 습관을 창출하는 곳'이라는 비전을 갖고 디지털 혁신 프로그램을 시작하였다. 2016년부터 스타벅스가 역점 사업으로 시작해 효과를 가장 크게 본 디지털 혁신 프로그램은 '초개인화 마케팅'이다(표 6).

기존 스타벅스의 마케팅은 '마이 스타벅스 리워드(Starbucks Reward)' 프로그램을 통해서 확보된 고객을 30개 세분화(Segmentation)를 기반으로 분기별·월별 마케팅 오퍼를 제공하는 수준이었다. 그런데 스타벅스는 2016년 디지털 혁신 과정 중에 사람들이 커피를 구매하는 과정에 주목했다. 모바일과 디지털을 기반으로 주문, 결제, 리워드, 개인화 서비스를 제공해, 고객의 경험을 극한으로 향상시키고 충성 고객의 확보와 지속적인 구매를 유도하는 데에 디지털 혁신의 중점을 뒀다.

표 6　스타벅스의 초개인화 마케팅

개인별로 모두 다른 애플리케이션 UI·UX 실시간 제공	
UI·UX	고객별로 애플리케이션의 UI·UX 자체가 개인화(personalization)
콘텐츠	리얼 타임(real-time) 머신 러닝 기술 적용으로 개인별 모두 다른 마케팅 메시지 제안
피드백	제안에 대한 반응을 실시간 추적(tracking)하는 커리큘럼(curriculum)

　스타벅스 디지털 혁신의 시작점은 빅데이터 분석에 있었다. 고객, 상품 및 매장, 고객 구매의 상황(Context)과 장소 등의 정보를 집적하는 것부터 시작하였다. 가령 A라는 고객은 항상 오전 8시 30분 출근 전에 지하철역에서 가까운 스타벅스 광화문점을 방문해서 따뜻한 아메리카노를 픽업한 뒤 출근한다. 점심 식사 이후 1시경에는 달달하고 따뜻한 카페모카를 스타벅스 무교동점에서 마시는 경향이 있다. B라는 고객은 매일 오전 8시에 스타벅스에서 아침 식사 대용으로 카페라테와 머핀을 선릉역 점에서 구매한다. 매주 화·목요일 8시에는 스타벅스 강남역 점에서 요가 수업 후 아이스 아메리카노를 구매하는 패턴이다.

　이렇게 집적된 고객·구매 정보 등은 AI·빅데이터 분석을 통해 시간대·장소별 스타벅스 이용 고객 패턴 분석 및 개별 고객의 스타벅스에 대한 긴밀한 참여(Engagement) 정도를 파악해, 고객이 원하는 오퍼를 고객이 원하는 시점과 장소에 정밀하게 제공할 수 있는 토대를 마련한다. 스타벅스가 차별화된 오퍼를 제공하는 고객과의 소통 창구는 모바일이다.

미국에서 소비자가 스타벅스 앱을 설치하고, 스타벅스 로열티 프로그램에 가입해서 커피 구매 습관과 이력을 저장하면, 스타벅스는 개인의 스타벅스 앱의 사용 빈도에 따라 다른 콘텐츠의 차별화된 UX·UI를 제공한다. 차별화된 UX·UI를 통해서 스타벅스는 과거 스타벅스 음료 소비 이력을 바탕으로 고객이 좋아할 것 같은 신제품 음료가 출시됐을 때 무료 체험 기회를 제공하거나 다양한 마케팅 오퍼를 보낸다. 또 신제품 음료에 대한 시음 이후 신제품 음료에 대한 소비가 발생하는지 구매 이력 및 고객 반응을 분석해 새로운 음료 개발에 필요한 데이터로 활용한다. 이런 스타벅스 초개인화를 가능하게 하는 핵심은 AI와 빅데이터 분석이다.

고객 개인별 차별화 UX·UI 및 실시간 반영

일반적으로 고객 로열티 프로그램을 운영하는 기업은 고객의 구매 또는 이용 실적이 일정 기준을 초과할 경우 등급을 상향하는 구조를 갖는다. 예를 들어 대한항공의 로열티 프로그램인 모닝캄 클럽(Morning Calm Club)은 고객의 누적 탑승 실적을 기준으로 회원 등급을 부여한다. 모닝캄 회원이 되기 위해서는 총 50,000 스카이패스 마일을 적립하되 이 중 최소 30,000마일을 대한항공 항공편 탑승을 통해 적립하거나, 또는 대한항공 탑승 실적 기준 80포인트를 달성해야 한다. 해당 등급의 자격은 취득일로부터 2년간 유효하다. 고객은 대한항공 모바일 애플리케이션이나 웹사이트를 통해 자신의 로열티 등급과 누적 실적을 확인할 수 있으나, 탑승 및 적립 실적은 항공편 이용 후 일정 검증 과정을 거쳐 주기적으로 시스템에 반영되는 구조다. 이로 인해 고객의 로열티 등급은 구매나 이용 행위가 발생하는 즉시 실시간으로 변경되기보다는, 사후 정산을 거쳐 갱신되는 방식으로 운영되고 있다.

반면 스타벅스는 단순한 누적 구매 금액을 넘어, 고객의 구매 패턴과 이용 빈도, 선호 메뉴 등을 종합적으로 분석해 개인화된 혜택과 프로모션을 제공한다. 스타벅스 리워드 프로그램의 등급은 구매 실적을 기반으로 운영되지만, AI와 데이터 분석을 통해 산출된 고객의 장기적 가치(Long Term Value, LTV)는 개별 오퍼 추천과 혜택 설계에 실시간으로 반영되며, 이러한 정보는 모바일 앱을 통해 즉시 고객에게 노출된다.

상황에 맞춘 차별화 마케팅 콘텐츠 제안

스타벅스는 실시간 머신 러닝 기술 적용으로 개인별 상황에 맞춘 마케팅 메시지 제안이 가능하다. 전통 기업의 마케팅 오퍼 메시지는 고객의 상황이나 선택과는 상관없이 기업이 전달하고자 하는 마케팅 메시지만을 담은 일방향메시지다. 가령 국내 백화점이 휴대폰으로 보내는 문자 메시지를 보자. 30만 원, 50만 원, 100만 원 이상 구매 금액에 따른 5% 캐시백 포인트 적립 혹은 상품권 증정과 같은 메시지가 일반적이다. 개인의 구매 이력이나 상황적인 논리, 선호하는 마케팅 채널과는 관계없는 일률적인 메시지다. 휴대폰 문자를 선호하는지 카카오톡 메시지를 선호하는지 이메일을 통한 마케팅 오퍼를 선호하는지에 상관없이 동일한 내용이 담긴 무차별적인 마케팅 메시지를 보낸다.

반면 스타벅스는 고객의 위치 정보 및 파악된 위치 정보의 날씨, 고객의 구매 이력, 구매 시간 등을 감안해 시간대별 맞춤형으로 음료를 제안하고, 마케팅 메시지도 AI 엔진을 통해 작성한 것으로 개인별로 차별화해 보낸다. 미국 스타벅스에서 AI 엔진을 통해 작성한, 감성을 가득 담은 메시지를 보자.

마케팅 오퍼에 대한 실시간 피드백 확인 가능

스타벅스는 차별화된 마케팅 오퍼를 실시간으로 제공하는 데서 더 나아가 마케팅 오퍼에 대한 반응을 실시간으로 확인할 수 있다. 얼마 만에 마케팅 오퍼를 확인했는지, 오퍼를 확인하고 구매했는지, 확인에서 행동까지 시간차는 얼마나 되는지 등. 어떤 마케팅 채널로 마케팅 오퍼를 보냈을 때 반응 확률이 높은지 등을 확인한 후 고객이 가장 선호하고, 행동하기 쉬운 시간에 맞춰 다음 마케팅 오퍼가 자동으로 발송된다. 그리고 이런 기록은 실시간 AI · 머신 러닝으로 계속 학습돼 더욱 정교한 마케팅 오퍼를 만들어낼 수 있게 된다. 즉, 개인화된 마케팅 오퍼는 고객의 참여 및 개인 취향에 따라 각기 다르게 최적화된 메시지를 실시간으로 고객에게 제공한다.

스타벅스가 본격적으로 디지털 혁신을 시작한 2016년 이전 미국 스타벅스 리워드 포인트(US Star Rewards) 기준으로 스타벅스의 충성 고객은 1,200만 명이었고, 초개인화 마케팅을 본격적으로 시작한 이후에도 스타벅스의 충성 고객은 1,200만 명으로 동일했다. 디지털 혁신 이후에 충성 고객의 수가 늘지는 않았지만, 2016년 이전에는 충성 고객 1,200만 명을 30개의 고객군으로 나눠 관리했고, 2016년 디지털 혁신 이후에는 1,200만 명의 충성 고객을 38만 개의 고객군으로 세밀하게 나눴다. 2016년에는 고객군 하나에 약 40만 명이 존재해, 40만 명이 동일한 마케팅 오퍼 메시지를 받았다. 2016년 이후에는 고객군 하나에 약 32명이 포함돼 있다. 동일한 군에 속하는 32명은 조금은 유사하고 또 개인의 상황에 맞춰진 차별화된 마케팅 오퍼 메시지를 받는다.

30개에서 38만 개로 세분화된 고객군에 속한 평균 32명의 고객에게 보내는 메시지의 개인화 정도는 상상을 초월한다. 가령 스타벅스 방문 시에 바닐라 파우더를 추가한 카페라테만 마시는 LA에 사는 스테이시(Stacy)라는 30대 미혼 여성 고객이 있다고 하자. 스테이시의 가장 친한 친구인 고등학교, 대학교 동창 린다는 샌프란시스코의 IT회사에서 근무한다. 둘은 페이스북, 인스타그램으로 연결된 절친이고, 거리는 떨어져 있지만 서로 자주 상대방의 SNS를 찾아보며 근황을 확인하는 사이이다.

스타벅스에서는 스테이시의 주요 방문 매장, 매장 방문 시점, 주로 주문하는 메뉴, SNS의 개인 정보를 날씨 같은 외부 정보와 연계해 다양한 분석을 수행할 수 있고, 개인 정보 활용의 선택적 허용 여부에 따라서 차별화된 마케팅 메시지를 실시간으로 제공한다. 그 예시는 다음과 같다.

Level 1

스타벅스 앱을 설치하고 앱을 이용한 지 얼마 안 된 경우(단순 날씨 정보 등의 외부 가용 데이터와 연계)

"오늘은 LA의 강력한 햇볕이 내리쬐는 더운 날이네요. 오늘 스타벅스에서 아이스 카페라테로 더운 날씨를 피해 가는 건 어떨까요?"

Level 2

스타벅스의 충성 고객 세그먼트로 진입했으나, 일부 개인 정보 활용에만 동의한 경우

"라테 러버(Lover)인 스테이시! 이번 주에 카페라테 3잔을 드시면 100개 star를 적립해 드립니다!"

Level 3

스타벅스 충성 고객 세그먼트로 진입 및 개인 정보 분석 활용에 동의한 경우(신제품 출시에 개인 취향을 분석한 홍보 메시지 발송)

"제 생각엔 스테이시가 차이티 라테를 정말 좋아할 거 같아요. 당신을 위한 음료인데 아직 안 드셔 보셨죠?"

Level 4

스타벅스 충성 고객 세그먼트로 진입 및 SNS 등 추가 개인 정보 분석 활용에 동의한 경우

"샌프란시스코에 사는 절친 린다가 지금 카페라테를 마시고 있네요. 오늘 스타벅스에서 카페라테를 마시면서, 절친과 그 경험을 공유해 보는 것은 어떨까요?"

그림 42 Mount Siani 병원의 팔란티어 플랫폼 활용 사례

1) 과잉진료 없이,
2) 보험청구를 최대한 받아낼수 있는,
3) 진료방향의 최적화는?

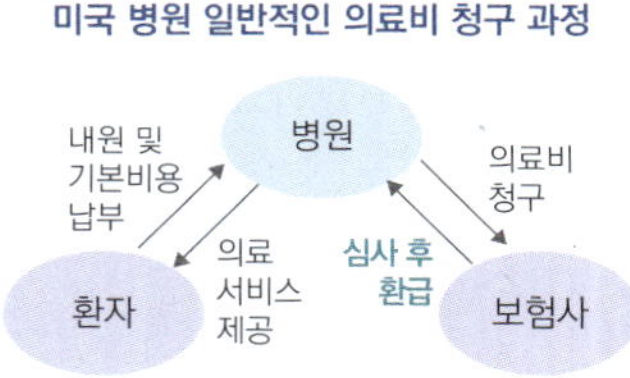

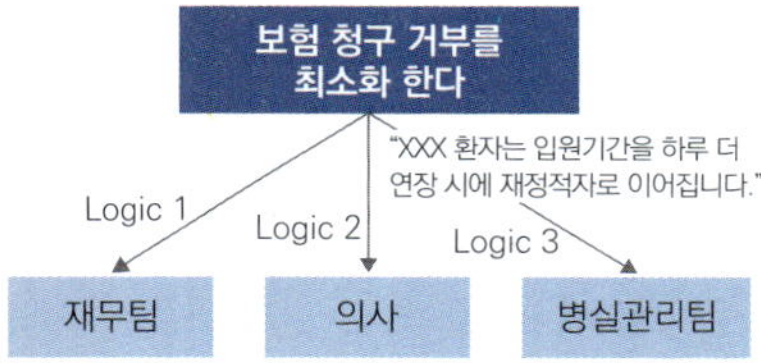

뉴욕의 Mount Sinai 병원은 미국 동부 최대 규모의 의료기관 중 하나로, 다수의 병원·외래 클리닉·연구 기관을 포함하는 복잡한 의료 생태계를 운영하고 있다. 의료 서비스 품질은 높았지만, 전산 시스템이 부서별로 단절되어 있어 병상 회전율 관리, 보험 청구, 치료 경로 분석, 응급 대응 등 핵심 운영 영역에서 효율적인 의사결정을 내리기 어려운 구조였다. 수많은 시스템이 서로 호환되지 않다 보니 같은 환자에 대한 정보도 여러 플랫폼에 분산되어 있었고, 이로 인해 실시간 자원 관리와 임상 의사 결정에 어려움을 겪고 있었다.

Mount Sinai는 이러한 구조적 문제를 해결하기 위해 **팔란티어 Foundry 플랫폼과 Ontology 기반의 의미론적 데이터 통합 구조를** 도입하였다. 이는 단순한 IT 시스템 교체가 아니라, 병원이 보유한 모든 데이터를 하나의 언어로 연결하고, 이를 운영 의사결정과 임상

프로세스에 직접 연결하는 구조적 혁신이었다. Mount Siani 병원 최고전략책임자는 다음과 같이 평가했다.

> 팔란티어로 인하여 실시간으로 환자 기록을 평가하고 어떤 환자들이 이러한 치료를 받을 자격이 있는지 결정할 수 있는 시스템을 만드는 데 도움을 주었으며, 의사들이 이 데이터를 통하여 의사결정 능력을 향상시킬 수 있게 해주었다.
>
> – Mount Siani

또한 팔란티어 제품 매니저는 이렇게 언급하였다.

> CRM 부서, 운영부서, 고객 서비스 부서 등 각 부서는 저마다의 온톨로지를 가지고 있지만, 서로 같은 언어를 사용하고 있지 않아요. 이들을 하나로 연결하지 않으면 CEO의 전략을 실제로 적용할 수 없죠.
>
> – Eran Witkon

이러한 철학 아래, Mount Sinai는 팔란티어 기반 데이터 전략을 통해 다음과 같은 혁신적 성과를 실현하였다.

수용 능력 관리(Capacity Management)와 병상 최적화

Mount Sinai는 팔란티어 플랫폼을 활용해 입원·퇴원 데이터, 병상 점유율, 응급실 유입률 등을 실시간으로 통합·예측하는 시스템을 운영하고 있다. 이를 통해 특정 병동의 과밀화나 병상 부족 사태를 사전에 감지하고, 환자 흐름을 최적화할 수 있게 되었다. 예를 들어, 예측 알고리즘은 '3시간 내 응급실 과밀 가능성'을 실시간으로 경고하고, 관리자는 다른 병원 또는 병동으로의 자원 재배치를 즉시

결정할 수 있다. 이러한 데이터 기반 운영 덕분에 병상 회전율 개선과 평균 입원일 단축, 나아가 연간 수백만 달러의 비용 절감 효과가 보고되었다.

수익 관리 및 보험 청구(Appeals & Revenue Cycle)

팔란티어 Foundry는 Mount Sinai 병원의 보험 청구 거절 관리 프로세스에도 혁신을 가져왔다. 기존에는 거절된 청구 항목을 재심 청구하기 위해 수작업 검토와 서류 확인에 수십 분이 소요되었다. 팔란티어의 자동화된 데이터 매칭과 분석 기능을 적용한 결과, 이 과정이 평균 45–60분에서 8분 이내로 단축되었다.

또한 과거 청구 데이터와 보험사의 거절 패턴을 학습한 모델이, 재심 성공 가능성이 높은 사례를 우선순위로 제시함으로써 병원의 재심 청구 성공률을 크게 향상시켰다. 이 결과 Mount Sinai는 수백만 달러 규모의 추가 수익을 확보하고, 병원 수익 전반의 생산성을 높일 수 있었다.

임상 지원 및 치료 경로 최적화

팔란티어 플랫폼을 활용하면 병원은 환자가 병원에 들어온 이후 어떤 검사와 치료를 거쳐 회복되는지에 이르는 전체 과정을 체계적으로 분석할 수 있다. 또한 과거에 비슷한 증상과 상태를 보였던 환자들의 진단 결과, 사용한 약물, 치료 이후 경과 데이터를 함께 분석함으로써, 현재 환자에게 더 효과적인 치료 방향을 제안할 수 있다. 예를 들어, 폐렴 환자의 과거 치료 사례와 회복 결과를 학습한 시스템은 새로운 환자에게 회복 가능성이 높은 항생제 조합이나, 다시 병원을 찾을 가능성이 낮은 치료 방법을 추천할 수 있다.

아울러 응급실에서는 환자가 도착했을 때의 상태와 검사 결과를 실시간으로 분석해, 어떤 환자를 먼저 치료해야 하는지를 의료진에게 자동으로 안내한다. 위험도가 높은 환자에 대해서는 즉시 경고를 보내 의료진의 주의를 환기시킴으로써, 의료진의 판단을 보조하고 응급 상황에 대한 대응 속도를 크게 높이는 데 기여하고 있다.

데이터 통합과 Ontology 기반 운영 구조

Mount Sinai의 디지털 혁신의 핵심은 팔란티어의 Ontology 구조에 있다. 병원의 다양한 의료 시스템, 가령 전자의무기록(EMR), 영상(PACS), 실험실 검사(LIS), 약제 및 청구 시스템 등 모든 병원에서 쓰이는 시스템들이 Ontology를 통해 의미적으로 통합되었다. Ontology는 각 데이터를 단순히 연결하는 수준을 넘어, '환자 → 검사 → 진단 → 처방 → 추적 관찰'로 이어지는 의료 행위 간의 관계를 명확히 정의한다.

이 구조 위에서 병원은 수십 개의 앱, 대시보드, 예측 모델을 공통 언어로 작동시킬 수 있게 되었으며, 데이터 중복과 불일치를 최소화하는 효과를 거두었다.

거버넌스, 보안, 리스크 관리

의료 데이터는 법적·윤리적 규제(예: Health Insurance Portability and Accountability Act of 1996: HIPAA)에 따라 고도의 보안이 요구된다. Mount Sinai는 팔란티어 플랫폼의 객체 수준 접근제어(Object-Level Access Control) 기능을 활용하여 의료진별, 부서별 권한에 따라 데이터 접근 범위를 세밀하게 설정하였다. 예를 들어, 특정 환자 데이터는 해당 담당 의사만 접근 가능하도록 제한되고, 연구자는 비식별화된 데이터만 조회할 수 있다. 모든 데이터 사용 기록은 감사 로그(Audit Log)로 자동 저장되어 추적이 가능하며, 이는 병원의 데이터 거버넌스 체계를 강화하는 핵심 기반이 되었다.

Mount Sinai의 사례는 헬스케어 분야에서 팔란티어 Ontology가 어떻게 데이터 혼란을 의미 체계로 전환시키는가를 보여주는 대표적 모델이다. 이 병원은 단순히 IT 시스템을 교체한 것이 아니라, 데이터 중심의 의사결정 문화와 운영 구조로 병원 전체를 전환시켰다.

그 결과 다음과 같은 구체적 성과를 실현하였다.

- 병상 운영 및 자원 효율성 향상
- 수익 누락 최소화
- 임상 의사결정 지원 고도화
- 강력한 보안 가버넌스 구축 및 개인정보 보호 강화
- 조직 전체가 단일 데이터 언어를 사용하는 운영 체계 확립

이는 '데이터 통합 → 의미 부여 → 실시간 운영 연결'이라는 팔란티어 Ontology의 철학이 의료 현장에서 가시적이고 지속 가능한 혁신 결과로 이어질 수 있음을 입증하는 대표 사례라 할 수 있다. Mount Sinai는 단순히 IT를 도입한 것이 아니라, 병원 전체를 데이터 기반 조직(Data-driven hospital)으로 재설계 하였으며, 이는 향후 의료 산업이 나아가야 할 새로운 표준을 제시하였다고 할 수 있다.

4   IT&기술

디지털 혁신에 성공한 선도 기업은 IT와 기술 측면에서도 다음과 같은 몇 가지 공통점을 발견할 수 있었다.

1) 고객·시장 반응을 즉시 인지하고 서비스나 IT 개선이 필요할 때 즉각 반영할 수 있는 애자일 조직 문화 및 Daily Scrum 미팅과 같은 프로세스 보유

2) 상호 다른 IT시스템 간 영향도를 최소화할 수 있는 마이크로 서비스 아키텍처(Micro Service Architecture: MSA) 확보

3) 퍼블릭 클라우드로의 신속한 전환 및 새로운 디지털 기술의 적용

고객·시장 반응을 즉시 인지하고 개선 필요시 즉시 반영하는 Daily Scrum 미팅 및 애자일 문화

디지털 혁신을 선도하는 기업들은 대부분 애자일 문화를 전사적으로 도입하고 있으며, IT 조직 역시 이러한 운영 방식에 맞춰 움직인다. 특히 IT 부서에서는 Daily Scrum 미팅을 통해 고객 불편 사항, 서비스 장애, 기능 개선 요구와 같은 신호를 매일 단위로 공유하고, 이를 즉각적인 의사결정과 실행 과제로 연결하는 체계를 갖추고 있다.

예를 들어 Amazon은 서비스 운영 과정에서 발생하는 고객 클레임과 시스템 지표를 실시간으로 공유하고, 각 서비스 팀이 이를 매일 점검하며 개선 여부를 판단한다. 문제를 상위 조직에 보고하고 승인받는 절차보다, 고객 경험에 영향을 미치는 사안인지 여부가 가장 중요한 판단 기준으로 작동한다. 이 과정에서 중요한 점은 문제를 단순히 '보고하는 것'에 그치지 않고, 어떤 개선이 필요한지, 언제 반영할 것인지를 팀 단위에서 빠르게 합의한다는 점이다. 일반적으로 고객 피드백과 서비스 데이터를 바탕으로 우선순위를 정하고, 약 2~4주 단위의 짧은 개발 주기를 통해 새로운 기능 추가나 기존 기능 개선이 이루어진다. Netflix 역시 추천 알고리즘이나 사용자 인터페이스(UI) 개선 과정에서 이러한 짧은 반복 주기를 활용해, 고객의 시청 행동 변화가 빠르게 서비스에 반영되도록 운영하고 있다.

국내 사례로는 쿠팡을 들 수 있다. 쿠팡은 주문, 결제, 배송과 같

은 핵심 서비스 영역을 담당하는 팀들이 매일 고객 불편과 운영 지표를 공유하며, 배송 지연이나 오류가 발생할 경우 즉각적인 개선 작업에 착수한다. 이러한 운영 방식은 고객의 문제 인식부터 실제 서비스 개선까지의 시간을 최소화하는 데 기여한다.

이처럼 반복적이고 짧은 실행 사이클은 고객의 반응이 실제 서비스 개선으로 연결되는 시간을 획기적으로 단축시키며, 결과적으로 고객 경험을 지속적으로 개선할 수 있는 기반이 된다. 이는 연 단위 계획과 대규모 배포에 의존하던 전통적인 IT 개발 방식과 명확히 구분되는, 디지털 기업 IT 구조의 중요한 특징이다.

상호 다른 IT시스템 간 영향도를 최소화할 수 있는 마이크로 서비스 아키텍처(MSA) 구현

디지털 플랫폼 기업이나 디지털 혁신을 성공으로 이끈 선도 업체는 대부분 마이크로 서비스 아키텍처(Microservice Architecture: MSA) 방식으로 내부 IT시스템을 구성하였다. MSA는 비즈니스 요구사항에 빠르게 대응하고 제품·서비스 가치를 고객에게 잘 전달하기 위한 시스템 아키텍처다. 마이크로서비스 아키텍처 방식으로 시스템을 구현할 때에, 다른 시스템에 부하를 주지 않고 각 애자일 조직이 책임지는 부분에 대해서만 독립적으로 최적화된 기술 검증이 가능하다(그림 43).

지금까지 다수 전통 기업은 대부분 '모놀리틱(Monolithic) 방식'으로 시스템을 구축하는 것이 일반적이었다. 모놀리틱 방식은 자신이 개발하고 있는 공간이 실제 사용자들이 사용하는 공간과 동일하다는 가정과 자신들이 제어할 수 있는 것이 많다는 점에서 선호했던 방식이다. 그리고 하나의 전체 이미지를 하나의 통에 넣기 때문에 하나의 모듈 변경이 다른 시스템 및 인프라에 어떤 영향을 미치는지 상대적으로 쉽게 예측할 수 있었다. 다만 모놀리틱 방식의 단점은 시스템의 확장과 변경에 취약점이 많다. 개별 서비스 모듈을 업데이트하려면 전체를 변경해야 한다. 반면에 마이크로서비스 아키텍처 방식은 각각의 서비스를 분리해 구현하는 방식이어서, 서비스 간 연결에 오버 헤드(Overhead)를 가지지만 시스템의 확장과 변경에 대해서는 강점이 있다.

디지털 시대에 접어들면서 시스템은 비즈니스 환경 및 기업 환경의 변화에 기민하게 대응할 수 있어야 한다. 시스템의 변화를 어렵게 했던 하드웨어 인프라는 클라우드 기술이 발전함에 따라 언제든지 시스템을 증설할 수 있는 환경으로 변화되었다.

그림 43 **모놀리틱 방식 VS 마이크로서비스 아키텍처 방식**

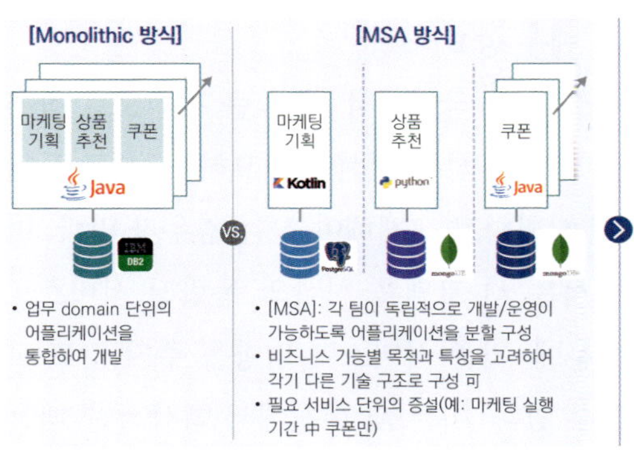

마이크로서비스 아키텍처는 하나의 거대한 시스템을 구축하는 대신, 여러 개의 작은 서비스 단위로 시스템을 구성하는 방식이다. 이 구조를 도입하면서 디지털 혁신 기업들은 변화에 훨씬 민첩하게 대응할 수 있는 기반을 확보하게 되었다.

첫째, 각 서비스가 서로 독립적으로 개발·배포될 수 있어 개발속도가 크게 향상된다. 특정 기능을 개선하거나 새로운 서비스를 추가하더라도 다른 영역에 미치는 영향을 최소화할 수 있기 때문에, 빠른 실험과 반복 개선이 가능해진다.

둘째, 서비스의 목적과 특성에 따라 서로 다른 기술을 유연하게 적용할 수 있다. 예를 들어 결제나 인증과 같은 핵심 거래 서비스에는 안정성과 보안을 중시한 구조를 적용하고, 추천·검색·개인화와 같은 AI 기능에는 대규모 데이터 처리와 연산 확장에 적합한 기술을 선택할 수 있다. 이는 각 서비스에 최적화된 기술 구조를 설계할 수 있게 해준다.

셋째, 사용자가 급증하는 상황에서도 시스템 전체를 확장할 필요 없이, 트래픽이 몰리는 서비스만 선택적으로 확장할 수 있다. 특히 AI 기반 추천, 검색, 실시간 분석 서비스는 특정 시점에 연산 부하가 급격히 증가하는 경우가 많기 때문에, 이러한 선택적 확장은 비용 효율성과 안정성 측면에서 매우 중요하다.

이러한 특성은 AI 서비스 확장 국면에서 더욱 큰 강점으로 작용한다. AI 모델은 지속적인 학습과 성능 개선이 필요하며, 새로운 알고리즘이나 모델을 빠르게 시험하고 교체해야 하는 경우가 많다. 마이크로서비스 아키텍처에서는 AI 모델을 하나의 독립된 서비스로 분리해 운영할 수 있기 때문에, 기존 서비스에 영향을 주지 않고 모델을 실험·배포·롤백할 수 있다. 이는 AI 혁신에서 핵심적인 '빠른 실험과 실패 허용' 문화를 기술적으로 뒷받침한다.

이러한 이유로 마이크로서비스 아키텍처는 애자일 조직을 구성하는 데 중요한 기술적 토대가 된다. 작은 단위로 분리된 서비스 구조는 애자일 팀의 업무 방식과 자연스럽게 맞물리며, 각 팀이 하나의 서비스와 그에 포함된 AI 기능에 대한 책임을 명확히 가질 수 있게 한다. 예를 들어 디지털 전자상거래 플랫폼 기업인 쿠팡의 경우,

장바구니, 결제, 마이페이지와 같은 핵심 기능이 각각 독립된 서비스로 구성되어 있고, 추천이나 검색과 같은 AI 기능 역시 별도의 서비스로 운영되며 각 애자일 팀의 책임 범위와 정렬되어 있다. 결과적으로 마이크로서비스 아키텍처는 기술 구조와 조직 구조를 동시에 유연하게 만들며, AI 서비스의 빠른 확장과 지속적인 고도화를 가능하게 하는 핵심 인프라로 작동한다

↻ 사례 13 | 테슬라의 급속 충전소 주차 과금 모델 신속 구현

그림 44 Elon Musk와 테슬라 고객 간 급속 충전소 충전 완료 차량의 주차 관련 트위터 대화

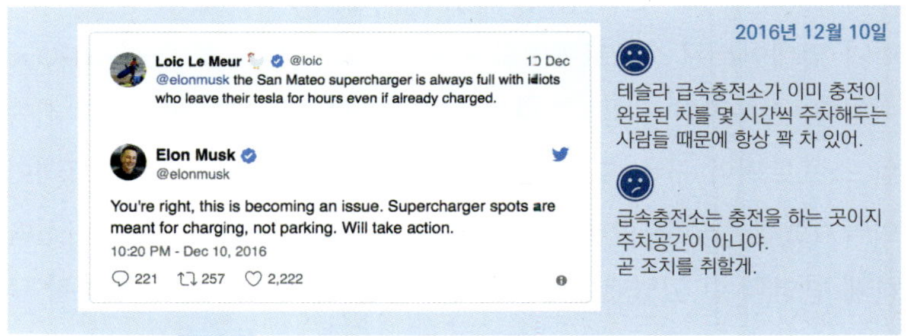

2016년 12월 10일 테슬라 고객인 Loic Le Meur은 트위터 (Twitter, 현재 X로 서비스가 바뀜)에 테슬라 CEO인 Elon Musk에게 테슬라 급속 충전소(Super Charger)에서 충전이 완료된 차량이 충전이 완료되었음에도 몇 시간씩 주차하고 있어서 정작 충전이 필요한 차량이 제대로 급속충전 서비스를 받지 못하고 있다는 불만을 이야기

하였다. Loic Le Meur이 이러한 게시물을 올린 지 하루가 되지 않아서 Elon Musk는 이것은 적절한 문제 제기라고 공감하고, "급속 충전소는 충전하는 곳이지 주차 공간이 아니다! 곧 조처하겠다"라고 이야기하였다. 2016년 12월 16일 고객이 불만을 제기하고 채 6일이 되지 않아서 테슬라는 급속 충전소(Super Charger)에 완충 이후에도 여전히 주차하는 차량에 대해 1분당 $0.4를 과금하겠다고 발표를 하였다(Golson, 2016)

Tesla owners who leave cars at Superchargers after charging will pay $0.40/minute

By Jordan Golson | Dec 16, 2016, 7:55pm EST

고객이 불만을 제기하고 단 6일 만에 디자인 변경 요건을 정의하고, 소프트웨어를 변경하고, 구현해서 테스트까지 완료하고, 더 나아가 업데이트된 소프트웨어를 글로벌하게 완벽히 롤아웃(Roll-Out)하였다. 전통적인 기업이었다면 이것이 가능했을까? 테슬라의 신속한 소프트웨어 구축 및 글로벌 전개가 가능했던 이유는 1) 고객이 이야기했던 불만 사항을 즉시 접수하고 개선이 필요한 경우에 신속하게 반영할 수 있었던 Daily Scrum 미팅 및 애자일 문화와 조직 구성이 되었기 때문이고 2) 이러한 소프트웨어 개선 요청 사항이 접수됐을 때 다른 소프트웨어 애플리케이션에는 영향을 주지 않고, 주차 시간, 완충 여부를 판단할 수 있는 주차 관제 기능 부분과 신용카드 등을 등록해서 결제를 손쉽게 연동할 수 있도록 상호 다른 IT시스템 간 영향도를 최소화할 수 있는 마이크로서비스 아키텍처 구현이 되어있었기 때문이다.

통상 기업에서 IT 아키텍처 레이어(Layer)는 크게 3가지로 구성된다. 1) 애플리케이션(Application), 2) 데이터 그리고 애플리케이션과 데이터를 구동할 수 있는 3) 하드웨어와 소프트웨어를 포함한 기술이다.

일반적으로 기업들은 효과적인 업무 진행을 위해서 재무, 마케팅, 구매 등 각 업무 프로세스 처리를 위한 애플리케이션 프로그램을 개발하거나 기존 상용화된 애플리케이션을 도입하고 이러한 시스템을 기반으로 회사를 운영한다. 특히 회사 규모가 커지고 다양한 국가에 진출하는 상황이 되면, 국가마다 요구하는 규제 및 세무 법률 등에 기반하여 다양한 회계기준에 준수한 데이터 취합 및 정리가 필요하다. 기업이 진출한 국가에서 판매한 제품/서비스의 매출 및 비용 등의 집계가 정확히 이루어져야 하며, 해외 생산 공장을 운영하고 및 원재료 및 서비스 구매가 필요한 경우 이러한 비용의 집계도 정확히 이루어져야 한다. 이러한 사유로 인해서 IT 애플리케이션 시스템의 도움 없이 기업을 운영한다는 것은 불가능하다.

또한 불필요하고 이중적인 작업을 하지 않고 명확한 의사 결정을 신속하게 구현하기 위해서 업무 프로세스 처리에 필요한 데이터 구조를 만드는 것이 중요하다. 데이터 유형, 속성, 형식 등의 관리 표준 등을 정의하고, 데이터 저장소의 물리적인 구조를 정의하는 것이다. 이러한 데이터의 표준과 명확한 정의가 없이 필요에 따라서 급조되어 만들어진 데이터들이 산재하는 경우, 회사의 규모와 비즈니스 규모가 커짐에 따라서 데이터 정리 및 각기 다르게 관리되는 데이터 정합성을 맞추는 데 큰 비용과 시간을 낭비하는 경우를 많이 보아왔다.

마지막으로 애플리케이션과 데이터를 구동할 수 있는 하드웨어와 소프트웨어를 포함한 기술 정의가 필요하다. 고객관리 시스템,

영업지원 시스템, 재무 시스템, HR 시스템 등의 애플리케이션과 각 시스템에서 저장하고 이는 각종 데이터를 저장하고 효과적으로 구동하기 위한 서버, 스토리지 등 상세한 하드웨어 요소 및 표준 등이 정의되어야 하고, 안정적으로 운영되기 위한 적정한 규모의 하드웨어 인프라 사용량이 정의되어야 한다. 뿐만 아니라 이러한 인프라를 안정적으로 운영하고 유지하기 위한 각종 소프트웨어뿐만 아니라, 외부 보안 위협에 대응하기 위한 보안 소프트웨어, 직원들의 업무 생산성을 높이기 위한 업무 커뮤니케이션 소프트웨어 등 각종 기업에서 내부적으로 필요한 소프트웨어에 대한 정의도 필요하다.

5 외부 협력 시스템 확보 및 디지털 생태계 구축

BCG(Boston Consulting Group) Henderson Institute의 분석자료를 살펴보면, 외부 협력 시스템(Ecosystem)을 언급한 기업과 그렇지 않은 기업의 성장 차이가 확연히 보인다(그림 45).

그림 45 **생태계(Ecosystem)를 언급한 기업들과 언급하지 않은 기업들의 3년간 기업성장률 비교**

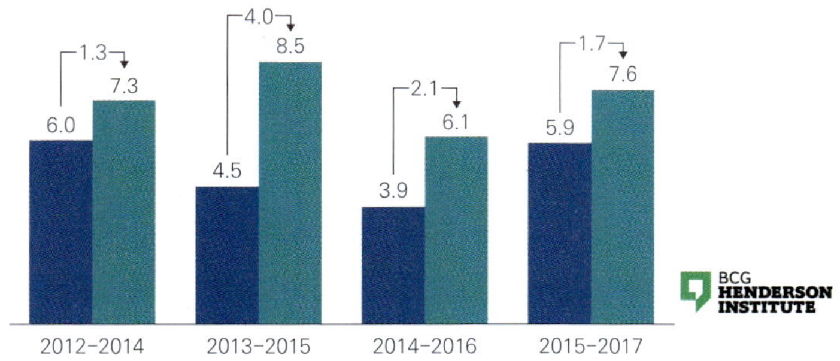

*출처: BCG internal analysis

　과거의 디지털과 달리, 현재 디지털든 새로운 디지털 기술을 한 회사가 독점할 수 없게 만들었고 또 한 회사가 모든 디지털 기술을 깊게 가져가는 것이 불가능하게 되었다. 따라서 하나의 디지털 서비스나 제품을 만들기 위해서 다양한 디지털 기술의 변화를 잘 이해하고 센싱하며 디지털 기술을 연구하는 외부 협력업체를 잘 이해하고 발굴하는 것이 디지털 혁신을 진행하는 데에 매우 중요하다. 디지털 시대에 제일 중요한 것은 훌륭한 능력이 있는 친구다.

　디지털 테크(Digital Tech) 기업에게 외부 협력 시스템, 즉 디지털 생태계(Digital Ecosystem)의 구축은 핵심 사업의 지속성과 경쟁력 강화를 위한 필수 요소로 자리 잡고 있다. 단일 기업이 모든 기술과 서비스를 내부에서 해결하던 방식에서 벗어나, 외부 파트너와의 협력을 통해 서비스 범위를 확장하고 고객 가치를 높이는 구조로 전환되고 있는 것이다. 이러한 디지털 생태계 전략을 가장 효과적으로 구현한 사례 중 하나가 Apple이다. Apple은 아이폰이라는 하드웨어를 중심으로, 앱스토어(App Store), 아이클라우드(iCloud), 애플페이(Apple Pay) 등 다양한 소프트웨어와 서비스를 결합하며 사업 구조를 점진적으로 하드웨어 중심에서 서비스 중심으로 전환해 왔다. 이를 통해 사용자는 하나의 디바이스 안에서 결제, 저장, 콘텐츠 이용 등 일상적인 디지털 경험을 통합적으로 누릴 수 있게 되었다. 이 과정에서 핵심적인 역할을 한 것이 바로 앱스토어를 중심으로 한 외부 개발자 생태계다. Apple은 앱 개발자와의 수익 공유 모델을 통해 생태계 참여를 유도하고, 양질의 애플리케이션이 지속적으로 공급될 수 있는 구조를 설계했다. 앱스토어를 통해 더 많은 개발자가 참여하고, 사용자가 증가할수록 개발자의 수익과 Apple의 서비스 매출이 함께 성장하는 선순환 구조가 형성된 것이다.

매력적인 하드웨어를 개발하고, 기기 간의 연동을 통해
'고객 충성도'를 제고하며 새로운 비즈니스 모델 구상

결과적으로 Apple은 경쟁력 있는 하드웨어를 기반으로 고객을 플랫폼에 유입시키고, 자체 서비스와 외부 개발사가 제공하는 다양한 서비스를 통해 고객의 이용 빈도와 충성도를 지속적으로 강화해 왔다. 이는 디지털 생태계 구축이 단순한 부가 전략이 아니라, 플랫폼 기업의 장기적인 성장과 수익 모델을 결정짓는 핵심 요소임을 보여주는 대표적인 사례라 할 수 있다(그림 46).

○ 사례 14 | 캐터필러(Caterpillar) 커넥트 서비스

캐터필러(Caterpillar)는 전 세계 최고의 중장비, 건설 장비 제조업체 중 하나이다. 하지만 캐터필러 역시 고마츠(Komatsu), 두산인프라코어 등 중국·한국·일본의 건설 장비 제조업체들의 거센 공격으로 가격 압박 및 시장 점유율 수성이 어려워졌다. 저렴한 제조 원가에 기반한 가격 경쟁력으로 밀어붙이는 후발 주자 업체에 적극 대응하기 위해서 캐터필러가 내세운 비밀 병기는 'Connect' 서비스였다. 건설 회사가 직접 굴착기 등의 건설 장비를 사서 건설 현장에 투입하는 경우는 매우 드물다. 건설 현장의 규모와 진행 상황에 따라서 건설 장비업체가 리스를 제공하고 여러 파이낸스(Finance) 상품을 건설 회사에게 제공하는 것이 일반적이다. 아무리 경쟁력 있는 리스 프로그램이라 해도 건설 장비가 워낙 고가이기 때문에 건설회사는 많은 금액을 지불해야 했다. 즉, 경쟁력 있는 가격 확보가 중요한 상황이었다. 이에 캐터필러는 디지털 기술을 활용한 차별화된 신규 서비스로 가격 압박에 대한 돌파구를 마련하고자 했다.

그것이 바로 'Connect' 서비스다. 'Connect' 서비스는 캐터필러가 제작하는 굴착기 등 건설 장비에 IoT센서를 장착하고, 건설 장비에서 나오는 운영 데이터를 분석한다. 그리고 건설업체가 건설 현장에 필요한 각종 정보 및 비용을 절감하고 효익을 배가 할 수 있는 서비스를 제공한다. 가령 특정 산지를 깎아서 땅을 고르는 토목 공사가 벌어지고 있는 토지 개발 프로젝트에 캐터필러 굴착기 등 건설 장비 20여 대가 투입됐다고 가정하자. 캐터필러 Connect 서비스는 특정 건설·토목 현장에 투입된 캐터필러 건설 장비의 운행 상태(지금 작업 중인지 쉬는 상태인지)나 어느 현장에 장비가 투입돼 있는지 등을 지도 정보와 연계해 도움을 주는 서비스다. 특정 지역에 토지가 얼마나 단단한지 돌산인지 아닌지 등을 파악해 적절한 장비로 작업할 수 있도록, 또 고가의 건설 장비가 고장 나지 않고 안전하게 운영될 수 있도록 서비스한다(그림 47).

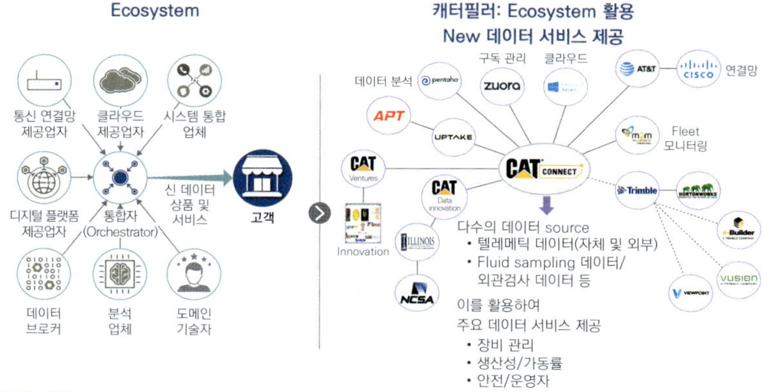

이런 서비스를 실행하려면 몇 가지 요소 기술이 뒷받침돼야 한다. 굴착기의 운행 상태나 작업 진행 여부를 알기 위해서 장비와 중간 컨트롤 타워(Control Tower) 간에 통신이 연결돼야 하고, 건설 장비에서 발생하는 각종 텔레메틱 데이터(Telematic Data), 외관 검사 데이터 등 장비에서 발생하는 데이터와 현장을 이동하면서 현재 위치를 전송하는 위치 정보 및 조업 정보에 대한 데이터를 저장하고 분석하기 위해서 클라우드 인프라가 필요하다. 뿐만 아니라 클라우드에 저장된 데이터를 분석하고, 장비 관리, 장비 생산성·가동률 분석, 위험 지역에서 조업하는지 여부를 판단하는 안전 운전 정보 등 다양한 분석 정보를 생성하기 위한 빅 데이터 분석 시스템이 필요하다. 캐터필러는 이런 필수 요소 기술을 스스로 개발하지 않고 외부 협력 생태계를 구축했다. 통신망은 AT&T 회선을 사용하고, 클라우드는 마이크로소프트 애저(Azure) 클라우드를 활용하며, 데이터 분석을 위한 솔루션은 APT와 Pentaho의 혁신적인 빅 데이터 솔루션을 활용함으로써 캐터필러 커넥트(Connect)라는 서비스가 나올 수 있었다. 기술 협력 파트너 없이 캐터필러의 차별화된 서비스는 나올 수 없었을 것이다.

제11절

CEO의 강력한 디지털 혁신 의지

디지털 혁신을 성공적으로 이끌기 위해서는 조직의 최상위 리더십, 특히 CEO의 강력하고 일관된 디지털 혁신 의지가 필수적이다. 이는 단순한 선언이나 구호가 아니라, 전략 수립, 자원 배분, 조직 운영 전반에 걸쳐 반복적으로 드러나는 리더의 선택과 행동을 의미한다. 이러한 리더십의 중요성은 AI 시대에 들어 더욱 커지고 있다. AI는 특정 부서나 기능의 개선에 그치지 않고, 비즈니스 모델과 의사결정 방식, 조직의 역할 분담 자체를 근본적으로 변화시키기 때문이다. AI 도입 여부는 더 이상 IT 부서의 판단 영역이 아니라, 기업의 장기 경쟁력과 리스크를 함께 결정하는 최고경영진의 전략적 선택이 되었다. 이로 인해 AI 기반 디지털 혁신은 CEO의 명확한 의지 없이는 조직 전체로 확산되기 어렵다.

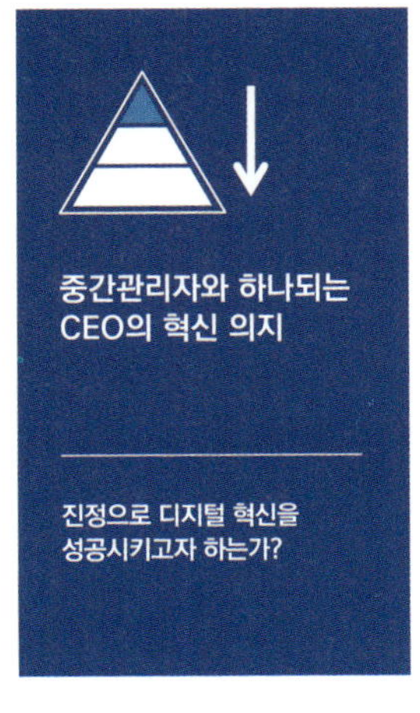

디지털 혁신을 성공적으로 이끌기 위해서는 조직의 최상위 리더십, 특히 **CEO의 강력하고 일관된 디지털 혁신 의지**가 필수적이다. 이는 단순한 선언이나 구호가 아니라, 전략 수립, 자원 배분, 조직 운영 전반에 걸쳐 반복적으로 드러나는 리더의 선택과 행동을 의미한다. 이러한 리더십의 중요성은 AI 시대에 들어 더욱 커지고 있다. AI는 특정 부서나 기능의 개선에 그치지 않고, 비즈니스 모델과 의사결정 방식, 조직의 역할 분담 자체를 근본적으로 변화시키기 때문이다. AI 도입 여부는 더 이상 IT 부서의 판단 영역이 아니라, 기업의 장기 경쟁력과 리스크를 함께 결정하는 최고경영진의 전략적 선택이 되었다. 이로 인해 AI 기반 디지털 혁신은 CEO의 명확한 의지 없이는 조직 전체로 확산되기 어렵다.

BCG(Boston Consulting Group)가 2021년에 발표한 Global Digital Transformation Survey에 따르면, 디지털 혁신에 성공한 기업들은 공통적으로 '목적 지향적인 디지털 전략을 갖춘 리더십'을 핵심 속성으로 보유하고 있는 것으로 나타났다. 이는 최고경영진이 명확한 비전과 목표를 제시하고, 이를 일관된 전략으로 연결하며, 중간관리자와 조직 구성원들이 동일한 방향성을 공유하도록 이끄는 리더십을 의미한다. AI 시대에는 이러한 리더십이 기술 선택의 기준과 활용 범위를 명확히 규정하는 역할까지 함께 수행한다.

그림 49 2021 BCG Global Digital Transformation Survey

디지털 혁신 성공을 위한 여섯 가지 핵심 요소

①	명확한 디지털 혁신 목표를 포함한 통합 전략	비즈니스 성과와 연결된 '왜(Why)', '무엇(What)', '어떻게(How)'를 설명하는 전략
②	CEO부터 중간관리자까지 이어지는 리더십의 강력한 참여와 헌신	중간관리자의 주인의식(Ownership)과 책임(Accountability)을 포함한 높은 수준의 리더십 참여와 우선순위 설정
③	우수 인재의 전략적 배치	혁신을 추진할 수 있도록 가장 역량 있는 인재를 확보하고 핵심 역할에 집중 투입
④	확산을 촉진하는 애자일 거버넌스 마인드셋	끈기 있는 추진, 장애물의 신속한 해결, 변화하는 환경에 대한 적응 조직 전반에 걸친 협업, 빠르게 실패하고 학습하는 문화 확산
⑤	목표 달성 진행 상황에 대한 효과적인 모니터링	프로세스 및 성과에 대한 명확한 지표와 목표 설정 높은 수준의 데이터 가용성과 데이터 품질 확보
⑥	비즈니스 주도의 모듈형 기술 및 데이터 플랫폼	보안성과 확장성을 갖춘 현대적 아키텍처 빠른 변화 대응, 신속한 배포, 생태계 간 원활한 통합 지원

*출처: 2021 BCG Global Digital Transformation Survey
설문 문항: "아래 표의 가이드라인을 참고하여, 다음 각 항목별로 현재까지 귀 조직의 디지털 전환 경험을 1점부터 10점까지의 척도로 평가해 주십시오."

특히 AI 기반 혁신 과정에서는 **CEO와 중간관리자 간의 강한 연대**가 더욱 중요해진다. AI는 빠른 실험과 반복 학습을 전제로 하기 때문에, 전략과 실행 사이의 단절이 발생할 경우 혁신 속도가 급격히 저하된다. CEO가 AI 활용의 방향과 우선순위를 명확히 제시하고, 중간관리자가 이를 현장의 실행 과제로 구체화할 때 조직은 기술 실험을 실제 성과로 연결할 수 있다. 이 과정에서 CEO의 역할은 단순한 지시자를 넘어, AI 도입 과정에서 발생하는 기존 업무 방식과의 충돌을 조정하고, 필요한 자원과 권한을 과감하게 재배분하는 조율자로 확장된다.

이러한 리더십의 통합적 접근은 디지털 혁신의 성공 가능성을 높일 뿐 아니라, 조직 구성원들이 AI를 위협이 아닌 성장의 도구로 인식하도록 만드는 중요한 계기가 된다. 이러한 사례를 대표적으로 보여주는 기업이 바로 마이크로소프트다. 마이크로소프트는 Satya Nadella CEO 취임 이후 '클라우드와 AI 우선(Cloud & AI First)' 전략을 명확히 제시하고, 조직 문화와 평가 체계, 기술 투자 방향을 이에 맞게 일관되게 재정렬함으로써, AI 시대에도 대규모 조직이 디지털 혁신을 실질적인 성과로 연결할 수 있음을 보여주었다.

○ 사례 15 | 이크로소프트 Satya Nadella 회장의 디지털 혁신 및 조직 문화 혁신에 대한 의지

마이크로소프트는 1975년에 Bill Gates와 Paul Allen에 의해 설립되었으며, '모든 책상 위와 모든 가정에 PC를'이라는 비전을 가지고 시작되었다. 초기에는 컴퓨터 운영체제 및 소프트웨어 개발을 중심으로 활동했으며, 그 이후로 빠르게 성장하여 현대 기술의 선두주자로 자리 잡았다.

2024년 회계연도 말 기준으로, 마이크로소프트는 전 세계적으로 22만 명 이상의 직원과 190개국에서 활동하는 글로벌 기술 기업으로 확장되었다. 회사의 연간 수익은 약 2,450억 달러에 이르며, 다양한 기술 제품과 서비스 포트폴리오를 보유하고 있다. 대표적으로 Office, Windows, Xbox, Azure와 같은 핵심 제품과 서비스가 있으며, 이 외에도 마인크래프트(Minecraft)와 같은 게임 및 클라우드 컴퓨팅, AI(Artificial Intelligent: 인공지능) 등의 혁신적인 분야에서도 선도적인 역할을 하고 있다.

또한 마이크로소프트는 최근 OpenAI와의 파트너십을 통해 생성형 AI 기술을 Azure 및 주요 제품군에 통합하며 AI 플랫폼 기업으로의 전환을 가속화하고 있다. 2023년 10월 완료된 Activision Blizzard 인수를 통해 게임 콘텐츠와 구독 기반 서비스 역량을 대폭 강화하며 게임 산업 내 영향력을 확대하였다. GitHub Copilot과 Microsoft 365 Copilot과 같은 AI 기반 생산성 도구를 통해 개발자와 기업 사용자가 보다 효율적으로 업무와 개발 작업을 수행할 수 있도록 지원하고 있다.

2000년대 초반까지만 해도 마이크로소프트는 연간 매출에서 Apple을 크게 앞질렀으며, 그 차이는 4배 이상에 달했다. 특히 1990년대와 2000년대 초반에 마이크로소프트는 Windows 운영체제와 Office 제품군의 성공을 바탕으로 소프트웨어 시장에서 독보적인 위치를 차지하고 있었다. 그러나 모바일(Mobile) 시대의 도래와 함께 Apple의 iPod, iPhone 출시가 큰 변화를 이끌어내며 마이크로소프트의 성장은 둔화되고 새로운 도전에 직면하게 되었다.

 마이크로소프트 1975년–2024년 사이 성과 비교

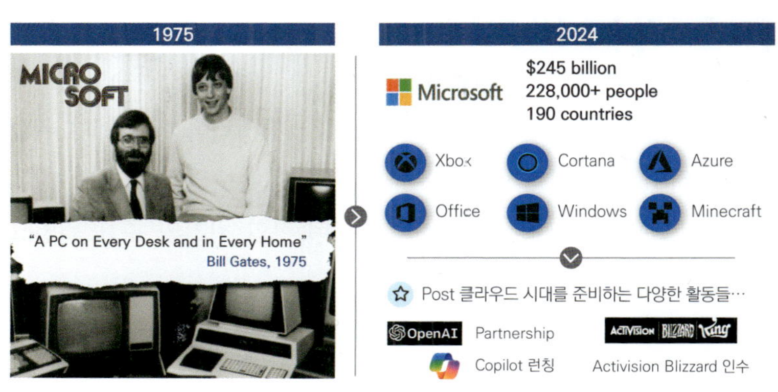

*출처: 마이크로소프트

2004년 이후 Apple은 iPod을 통해 음악 시장을 혁신하고, 이어 iPhone을 출시하면서 스마트폰 시장을 선도하기 시작했다. 이에 따라 Apple의 주가와 시장 가치는 폭발적으로 상승하기 시작했고, 마이크로소프트와의 격차를 빠르게 좁혀갔다. 반면, 마이크로소프트는 모바일 시장에서 빠르게 대응하지 못한 결과, Apple과 Google의 모바일 생태계가 급성장하는 동안 비교적 정체된 모습을 보였다. 2000년대 중반부터 Apple은 매출과 시장 가치 측면에서 마이크로소프트를 역전하기 시작하였다. 특히, iPhone 출시 이후 급격한 상승세를 보였다. 반면, 마이크로소프트는 2008년 금융 위기를 겪으면서 주가가 큰 타격을 입었고, Apple이 스마트폰 혁명을 주도하면서 더욱 고전하게 되었다.

많은 전문가와 증권사 애널리스트들은 마이크로소프트가 PC(Personal Computer) 사업 기반에 안주하여, 모바일 혁명에 적절히 대응하지 못한 점을 주요한 원인으로 지목하였다. 물론, 당시 마이크로소프트는 Windows Mobile이라는 모바일 운영체제를 개발하고 있었지만, Apple의 iOS와 Google의 Android에 비해 사용자 경험과 생태계 구축 측면에서 크게 뒤처져 있었다. 또한, 2013년 9월 전 세계에서 가장 큰 휴대폰 제조업체인 노키아(Nokia)를 인수함으로써 (Redmond, 2013. 9. 3) 스마트폰 시장에서 경쟁력을 확보하기 위한 노력을 하였으나, 결과적으로 모바일 시장의 주도권을 놓쳤고, 이는 마이크로소프트의 시장 가치 하락과 지속적인 위기의 주요 원인으로 작용했다.

 마이크로소프트의 위기 – 모바일(Mobile) 시대에서의 대응 부족

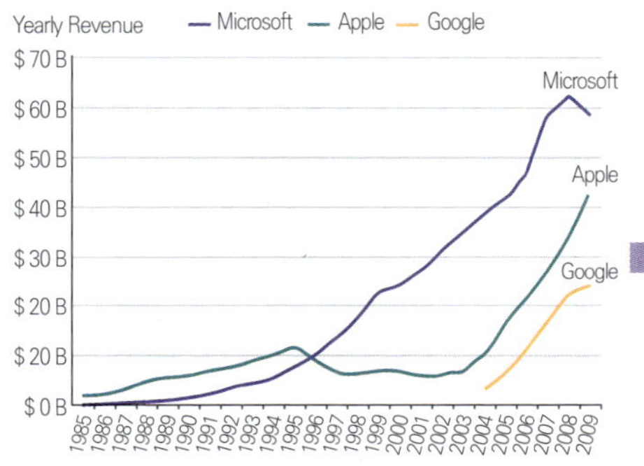

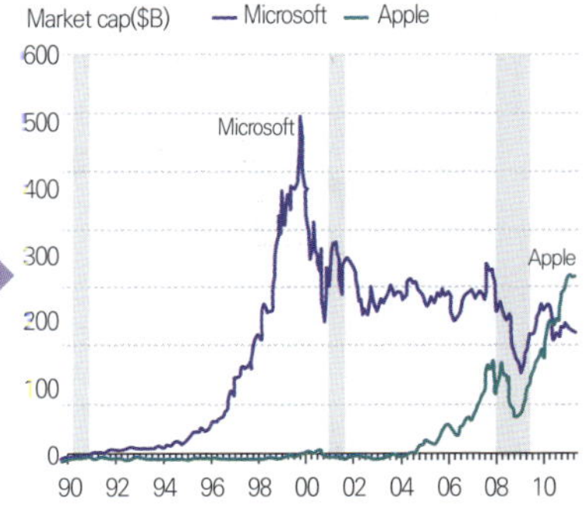

*출처: WolframAlpha

 마이크로소프트 관련 부정적인 기사들

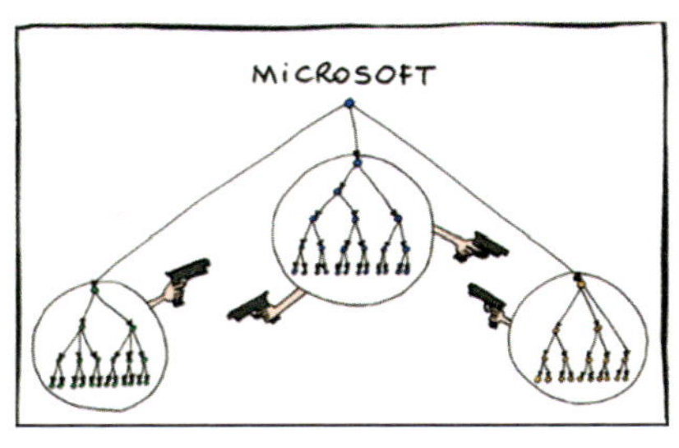

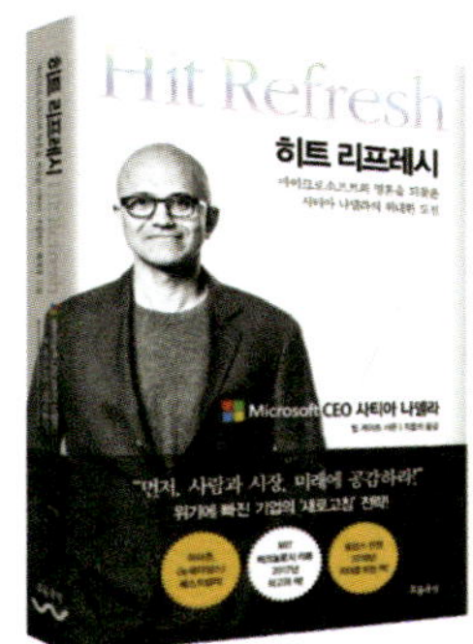

*출처: 마이크로소프트

위의 왼쪽 이미지는 Satya Nadella회장 취임 전, 마이크로소프트의 조직 문화를 풍자적으로 묘사한 그림으로, 내부의 각 부서가 서로 경쟁하고 협력하기보다는 견제하는 구조를 나타내고 있다. 이 그림은 마이크로소프트의 조직 문화가 분열적이고 사일로(Silo) 형태로 운영된다는 비판을 상징적으로 보여준다. 이러한 문화는 특히 2000년대 초반과 중반에 두드러졌으며, 부서 간의 협업 부족과 상호 견제가 마이크로소프트의 혁신성과 시장 경쟁력을 저하했다는 분석이 자주 제기되었다.

그 당시 마이크로소프트는 여러 개의 독립적인 부서로 나뉘어 운영되었으며, 각 부서는 자율적으로 목표를 설정하고 성과를 달성하려는 경향이 강했다. 그러나 이러한 자율성은 때로는 과도한 경쟁을 초래했고, 부서 간 소통과 협력의 부재를 초래했다. 특히, 소프트웨어 제품 개발 과정에서 부서 간의 불필요한 경쟁과 이익 충돌이 발생해 회사 전체의 시너지(Synergy) 창출을 방해했다. 이는 제품의 통합성과 사용자의 편의성을 저하하고, 시장에서의 대응력을 감소시켰다. 마이크로소프트의 조직 문화는 이와 같은 부정적인 영향을 받았을 뿐만 아니라, 신속한 의사결정과 혁신을 가로막는 요소로도 작용했다. 특히, Apple과 Google이 빠르게 변화하는 기술 환경에 대응하는 동안 마이크로소프트는 내부적인 갈등과 비효율적인 구조로 인해 시장 주도권을 상실하게 되었다. 예를 들어, 모바일 시장에서의 실패는 이러한 문화적 요인들이 크게 작용한 결과였다.

이러한 위기의 상황에서 Satya Nadella가 Bill Gates와 Steve Ballmer에 이어서, 2014년 2월 마이크로소프트의 세 번째 CEO로 취임했을 때, 회사는 안정적인 재정과 제품 포트폴리오를 가지고 있었지만, 급격하게 변화하는 기술 환경에 적응할 필요가 있었다. 또한 새로 CEO로 부임한 Satya Nadella는 이러한 변화된 환경에서 기존 마이크로소프트가 가진 상호 경쟁하고 견제하는 문화는 가장 먼저 타파해야 할 악습이라고 판단하였고, 변화된 환경에서 Satya Nadella는 부서 간 협업을 촉진하고, 하나의 공동 목표를 향해 나아가는 조직 문화를 구축하는 것이 중요하다고 판단하였다. 그리고 마이크로소프트가 스스로의 정체성을 재발견하고, 미래의 비전을 다시 세우는 작업을 통해 기업의 Mission과 비전을 재정립하는 과정이 그 첫 번째 과정이라고 생각하였다. 이러한 변혁은 단순히 비즈니스 전략의 변화뿐만 아니라, 조직 문화 변화와 디지털 기술을 활용한 운영적 혁신까지 포함하는 전반적인 변화를 필요로 했다.

*출처: 마이크로소프트

비즈니스 전략 변화: 클라우드(Cloud) 중심으로의 전환

마이크로소프트는 기존의 제품 중심 비즈니스 모델에서 벗어나, 클라우드 비즈니스로의 전환을 전략적으로 추진하였다. 한 번 구매 후 오랜 시간 사용하는 윈도우(Window)와 SQL서버(Server)와 같은 기존 제품 대신, 오피스(Office) 365와 애저(Azure) 등 지속적인 업데이트와 딜리버리(Delivery)가 가능한 클라우드 기반의 제품을 중심으로 포트폴리오를 재편했다. 이러한 변화를 통해, 마이크로소프트는 고객의 요구 변화에 대하여 보다 신속하게 대응하고, 사용자 중심(User-centric) 및 소비 중심(Consumption-centric) 비즈니스 모델로의 전환을 이끌었다.

이전에는 소프트웨어 제품을 만드는 데 중점을 두었으나, Satya Nadella의 리더십하에서는 기술을 사용하는 사람들과 그들이 얼마나 효과적으로 기술을 활용하는지에 대한 깊은 이해를 바탕으로 비즈니스 모델을 재구성하였다. 이는 기업의 비즈니스 포트폴리오뿐만 아니라 운영 모델에도 변화를 가져왔다.

새로운 미션과 목적 재정립

비즈니스 전략 변화와 함께 Satya Nadella는 마이크로소프트의 새로운 미션을 설정했다. 이 미션은 직원들이 더 명확한 목적의식을 가지고 업무에 임할 수 있도록 하는 방향으로 설정되었다. Satya Nadella는 기업 내부에서 자신들이 왜 존재하는지, 세상이 마이크로소프트 없이 어떻게 변화할지에 대해 깊이 성찰하도록 했으며, 이를 통해 마이크로소프트 기업의 존재 이유를 다시 재정립하는 계기가 되었다. 이를 통해서 마이크로소프트의 새로운 Mission과 Vision인 "Our mission is to empower every person and organization on the planet to achieve more(우리의 Mission은 지구상의 모든 개인과 조직이 더 많은 것을 성취할 수 있도록 돕는 것이다)"이 탄생하게 되었다.

문화적 변화: 심리학적 접근과 리더십의 역할

단순히 회사의 비즈니스 전략을 라이선스 모델에서 소프트웨어 구독형 모델로 바꾸는 것으로는 충분하지 않았다. 앞에서 언급했지만, 지금의 마이크로소프트의 위기는 조직문화에 있다고 생각한 Satya Nadella는 기업의 문화를 바꾸는 데 최우선으로 주력했다. 이를 위해서 Satya Nadella 본인을 포함한 핵심 리더십 팀(Senior Leadership Team)과 여기서 더욱 확장된 마이크로소프트 임원진 150명은 약 9개월에 걸쳐 마이크로소프트의 조직 문화 변화를 위한 프로젝트를 진행했다. 이 과정에서 직원들의 피드백을 지속적으로 반영하고, 심리학자 등 외부 전문가들의 도움을 받아 내부 조직을 분석하는 등의 방식으로 혁신을 이루어 나갔다.

자체 디지털 혁신 진행 및 조직문화 확산에
디지털 기술의 적극 활용

Satya Nadella는 마이크로소프트의 조직 문화를 혁신하기 위해 자사의 디지털 기술과 솔루션을 적극적으로 활용하였다. Satya Nadella는 직원 간의 소통과 협업을 극대화할 수 있는 디지털 도구의 중요성을 인식하고, 이를 중심으로 조직변화를 이끌어 나갔다.

마이크로소프트는 직원들이 더 효율적이고 원활하게 소통할 수 있는 디지털 기술로의 전환을 위한 별도의 프로젝트를 진행하였다. 그 과정에서 팀즈(Teams), 원노트(OneNote), 그리고 이메일과 같은 마이크로소프트가 갖고 있고 이미 다수 고객에게 판매하고 있는 소프트웨어 솔루션 도구가 주요한 역할을 담당했다. 이러한 도구들을 통해 조직 내 의사소통의 구조가 강화되고, 직원들이 언제 어디서나 쉽게 협업할 수 있는 환경이 조성되었다. 회장실의 10명, 최고 경영진 10명, 200명의 임원진, 그리고 100,000명 이상의 전 직원에 이르기까지 이 기술을 통한 소통은 전체 조직을 하나로 묶어주었다.

디지털 전환 과정에서 Satya Nadella의 리더십은 핵심적인 역할을 하였다. 나델라는 기술 변화를 단순히 업무 효율성을 높이기 위한 수단으로 보지 않고, 조직 문화 자체를 변화시키기 위한 도구로 인식하였다. Satya Nadella의 강력한 의지와 추진력 덕분에 디지털 기술이 조직 전체에 걸쳐 빠르게 도입되었고, 이를 통해 새로운 문화적 변화가 가능해졌다. 그뿐만 아니라 마이크로소프트 내부 직원들이 자사 솔루션을 적극 활용하면서 제품의 개선 사항 발생 시 이러한 개선 요청이 바로 제품 개발팀에게 제공되는 선순환 구조도 만들어지게 되었다.

특히, Satya Nadella는 직원들뿐만 아니라 대중과의 소통에도 디지털 기술을 적극 활용하였다. 링크드인(LinkedIn)과 같은 플랫폼을 통해 대중과의 연결을 강화하고, 마이크로소프트의 비전과 방향성을 더 널리 전달할 수 있었다. 이러한 일련의 변화는 마이크로소프트가 디지털 혁신을 통해 기업문화를 새롭게 정립하고, 전사적으로 더 강력한 협업 문화를 구축하는 데 기여하였다.

그림 55 마이크로소프트 Transformation 소통 방법

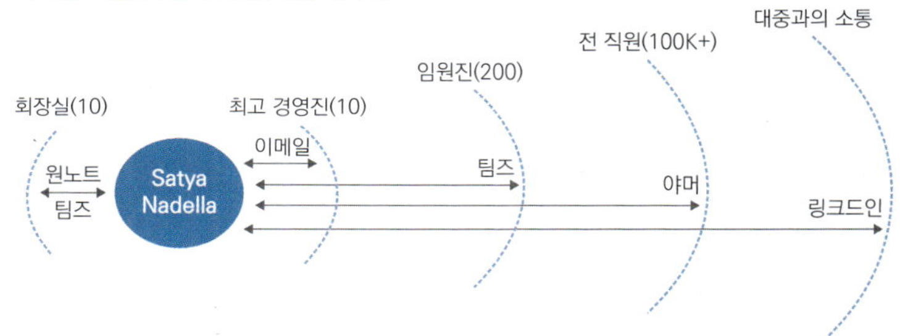

*출처: 마이크로소프트

디지털 혁신에서의 리더십: CEO와 중간관리자의 중요성

디지털 혁신이 성공적으로 이루어지기 위해서는 CEO와 중간관리자의 리더십이 필수적이다. 디지털 혁신은 단순한 기술적 업그레이드가 아니라 조직의 문화, 구조, 그리고 프로세스 전반에 걸친 근본적인 변화를 요구한다. 이러한 변화를 주도하는 핵심은 CEO로서, 혁신을 이끌기 위한 비전과 방향을 제시하고 이를 실현할 수 있는 동력을 제공하는 것이 중요하다. 그러나 그 못지않게 중요한 것은 중간관리자들의 역할로, 이들은 최고 리더십과 조직 전체를 연결하는 가교역할을 하며, CEO의 비전을 조직 내부에서 실현하고 유지하는 데 이바지하였다.

Satya Nadella사례는 디지털 혁신에서 리더십의 중요성을 잘 보여준다. Satya Nadella의 리더십하에 마이크로소프트는 깊이 있는 문화적, 전략적 변화를 경험하였다. Satya Nadella의 리더십은 단순히 새로운 방향을 제시하는 것에 그치지 않고, 혁신과 회복력을 강조하는 조직 문화를 체현하고 촉진하는 데 중점을 두었다. 그의 리더십은 조직 전체가 클라우드 서비스, 인공지능(AI), 그리고 고객 중심의 전략을 중심으로 재편되도록 조직을 결집하는 데 이바지하였다.

중간관리자들도 이 과정에서 중요한 임무를 수행하였다. 중간관리자들은 Satya Nadella가 수립한 전략이 조직 내 각 부서와 팀에 구체적으로 적용되도록 하였다. Satya Nadella의 비전이 현장에서 실행될 수 있도록 중간관리자들은 그들의 팀원들과 소통하며, 변화된 목표와 방향성을 효과적으로 전달하고 실행에 옮겼다. 이러한 중간관리자들은 변화의 과정에서 커뮤니케이션의 중심축으로서, 최전선의 직원들이 기업의 새로운 방향성을 이해하고 그에 따라 기여할 수 있도록 지원하였다.

마이크로소프트의 변화를 이끈 리더십 원칙인 '명확성 창출(Create clarity)', '에너지 창출(Generate energy)', '성공 견인(Deliver success)'은 디지털 혁신에서 CEO와 중간관리자 모두가 수행해야 하는 핵심 역할을 잘 보여준다. 이러한 원칙은 리더십이 단순히 상명하달식의 지시에서 그치지 않고, 모든 팀원이 리더가 될 수 있고 기여할 수 있다는 환경을 조성하는 것이 중요하다는 점을 강조한다.

*출처: 마이크로소프트

마이크로소프트의 사례에서 볼 수 있듯이, Satya Nadella의 변화 노력은 최고 경영진에서 시작되었으나, 지속 가능성을 확보하기 위해서는 조직 전반의 노력이 필요하였다. 혁신적이고 포용적인 문화를 구축하고자 했던 Satya Nadella의 비전은 중간관리자들의 적극적인 참여와 노력이 있었기에 실현될 수 있었다. 중간관리자들은 CEO의 전략적 목표가 조직 내부에 뿌리내리고 지속 가능하게 만드는 데 핵심적인 역할을 하였다.

결론적으로, 디지털 혁신이 성공하기 위해서는 CEO의 강력한 비전 제시와 중간관리자의 적극적인 참여가 필수적이다. 디지털 혁신의 맥락에서 리더십은 조직의 모든 계층에서 함께 이루어져야 하며, 이를 통해 조직은 변화의 복잡성을 극복하고 보다 강력하고 유연하며 혁신적인 모습으로 성장할 수 있다.

HOW:
AI시대 디지털 혁신을 실행하는 방법

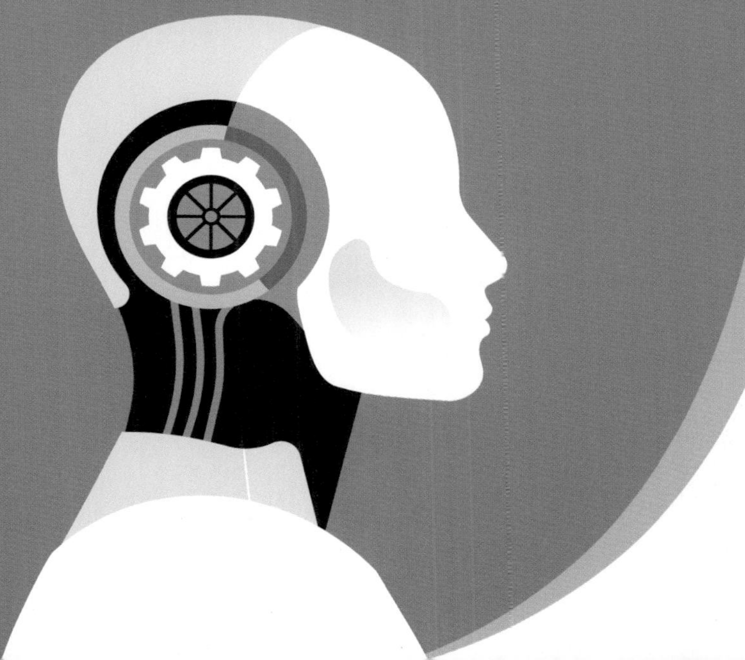

제1절

디지털 혁신의 진화 3단계

디지털 혁신이라는 개념은 2000년대 초반부터 본격적으로 등장하기 시작하였다. 초기 디지털 혁신을 추진했던 많은 기업들은 디지털 혁신을 개별 사업부 차원에서 기존 업무를 최신 디지털·IT 기술로 대체하여 업무 효율성을 높이고 비용을 절감하는 활동으로 인식하였다. 이는 디지털 혁신을 매우 협소하게 이해한 접근 방식으로, 이를 디지털 혁신의 1단계라고 정의할 수 있다. 실제로 2000년대 이후 국내외 다수의 기업들이 유행처럼 디지털 혁신 프로젝트를 추진했으나, 단순히 디지털 기술이나 첨단 IT 솔루션을 도입하고 일부 프로세스에 적용하는 수준에 그치면서, 의미 있는 비즈니스 성과를 창출하지 못한 사례가 다수 발생하였다.

디지털 혁신의 2단계는 이러한 한계를 인식한 기업들이 디지털 혁신을 보다 전사적인 관점에서 접근하기 시작한 단계를 의미한다. 이 단계에 진입한 기업들은 디지털 혁신을 단편적인 IT 프로젝트가 아니라, 명확한 비전과 로드맵을 기반으로 추진하며, 디지털 혁신 실행 프레임워크의 6대 영역을 중심으로 '내부 최적화' 방식의 디지털 혁신을 실행하기 시작했다.

A. 디지털 혁신 비전 · 목표 · 우선순위화

B. End-to-End 고객 경험 혁신

C. 핵심 업무 디지털화

D. 신규 사업 기회를 통한 성장

E. 기초 체력(조직 · 인력, 업무 방식 · 공간 변화, 성과 평가 시스템, 데이터 · 분석, IT, 디지털 생태계)

F. 중간관리자와 하나 된 CEO의 강력한 혁신 의지

이 과정에서 마이크로소프트, BBVA, 캐피털원(Capital One), ING와 같은 디지털 혁신 선도 기업들은 CEO의 강력한 리더십과 전사적 실행력을 바탕으로, 디지털 혁신이 실제 성과로 이어지는 성공 경험이 조직 전반으로 확산되는 모습을 확인할 수 있었다. 특히 End-to-End 고객 여정의 디지털화, 애자일 조직 및 애자일 방법론 도입을 통해, 디지털 혁신이 일회성 프로젝트가 아닌 조직의 새로운 작동 방식으로 기능할 수 있는 가능성을 확인하였다. 이처럼 디지털 혁신의 성공 경험을 확보하고 이를 빠르게 확산(Scale-Up)하려는 단계에 진입한 기업들을 디지털 혁신 2단계에 돌입한 기업으로 볼 수 있다.

디지털 혁신의 3단계는 AI 시대에 들어 그 중요성이 더욱 부각되는 단계로, 조직 내에 확산된 디지털 혁신의 성공 경험을 체계적으로 내재화하고 상시화하며, 이를 전제로 한 구체적·지속적 투자를 실행하는 단계를 의미한다. 2단계에서 성공 경험의 확산을 경험한 선도 기업들은, 이제 '어떻게 성공 사례를 만들 것인가'가 아니라 '이 성공을 어떻게 조직의 기본 역량으로 고착화할 것인가'라는 질문에 직면하게 된다.

특히 AI 시대의 디지털 혁신에서는 내재화와 상시화가 선택이 아닌 필수 조건으로 작용한다. AI 기술은 단발성 도입이나 특정 조직의 파일럿 적용만으로는 지속적인 성과를 창출하기 어렵고, 데이터 축적-모델 학습-업무 적용-피드백이라는 지속적 순환 구조가 전제되어야 한다. 따라서 AI 기반 디지털 혁신은 특정 프로젝트 단위로 관리될 수 없으며, 조직의 일상적인 업무 프로세스와 의사결정 구조 안에 깊숙이 내재화되어야만 효과를 발휘할 수 있다.

이러한 이유로 디지털 혁신 3단계에 진입한 일부 글로벌 선도 기업들은, 디지털 혁신의 상시화·내재화를 위한 투자를 이미 실행 단계에 옮기고 있다. 예를 들어, 특정 부서에 한정되어 운영되던 애자일 조직을 전사 조직으로 확대하거나, 조직 전반에 분산되어 있던 데이터 분석 도구와 IT 시스템을 통합·고도화하여 다수의 조직원이 손쉽게 AI·데이터 기반 디지털 혁신 과제를 수행할 수 있는 공통 인프라를 구축하고 있다. 이는 AI 기술을 '특별한 역량'이 아니라, 모든 구성원이 일상적으로 활용하는 조직의 기본 역량으로 전환하기 위한 전략적 투자라 할 수 있다.

결국 AI 시대의 디지털 혁신 3단계는, 디지털 혁신의 성공 경험을 반복적으로 재현할 수 있는 구조를 만들고, 이를 조직의 표준 운영 방식으로 정착시키는 단계이다. 이는 디지털 혁신이 더 이상 특정 부서나 리더의 의지가 좌우하는 프로젝트가 아니라, 조직 전체가 상시적으로 학습하고 진화하는 시스템으로 작동하기 시작했음을 의미한다. 이러한 내재화와 상시화 없이는, AI 기반 디지털 혁신은 일시적인 성과에 그칠 수밖에 없으며, 장기적인 경쟁 우위로 이어지기 어렵다.

제2절

비즈니스 모델별 및 디지털 혁신 유형에 따른 효과적인 실행전략

앞서 1장과 2장에서 다양한 디지털 혁신 성공 사례를 소개하였고, 학술 논문 분석과 다중 사례 분석을 통해 디지털 혁신의 성공을 이끈 핵심 요소들을 찾아서 AI시대 디지털 혁신 실행 프레임워크를 만들어 볼 수 있었다. 앞서 살펴본 디지털 혁신 성공 사례를 상세하게 분석하면, 디지털 혁신은 기업의 비즈니스 모델과 디지털 혁신의 중점 유형별로 네 가지의 효과적인 디지털 혁신 실행 방법으로 분류될 수 있다. 각 유형은 새로운 비즈니스 모델이 관련한 디지털 혁신을 추진할 것인지 아니면 기존 비즈니스 모델의 디지털 혁신을 추진할 것인지에 대한 관점과 디지털 혁신의 유형이 고객 경험 관련한 디지털 혁신인지 아니면 업무 혁신과 관련한 디지털 혁신 인지에 따라서 구분할 수 있다(그림 58).

그림 58 비즈니스 모델 및 디지털 혁신 유형에 따른 효과적인 디지털 혁신 실행 방법

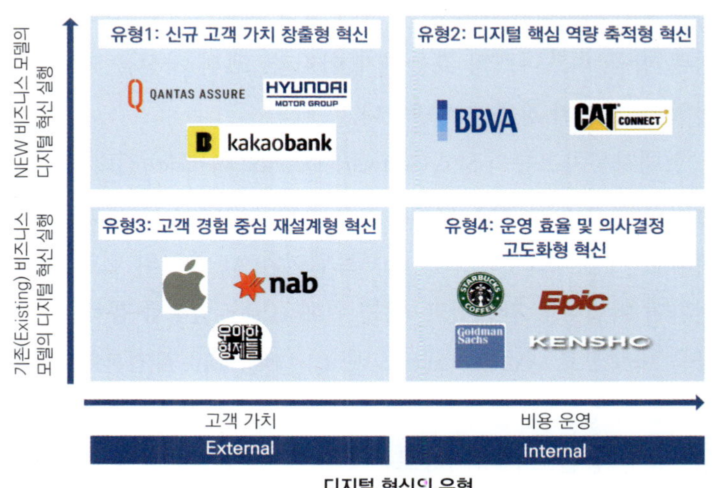

New(신규) 비즈니스 모델 x 고객 가치 중심 디지털 혁신 실행 時

유형 1: 신규 고객 가치 창출형 디지털 혁신

신규 고객가치 창출형 디지털 혁신은 기존 비즈니스와는 다른 새로운 비즈니스 모델을 대상으로, 별도의 조직을 구성해 디지털 혁신을

추진하는 방식이다. 이 유형은 기존 사업의 연장선에서 점진적 개선을 시도하기보다, 새로운 고객 가치와 수익 모델을 빠르게 실험하고 확장하는 데 초점을 둔다. 이러한 접근은 기존 조직의 구조·문화·성과 지표가 새로운 비즈니스의 실험과 속도를 제약하는 경우에 특히 효과적이다. 기업이 보유한 데이터, 브랜드, 고객 자산과 같은 기존 강점을 활용하되, 실행은 기존 조직과 분리된 형태로 추진함으로써 충돌을 최소화한다.

대표적인 사례가 앞서 사례에 등장한 Qantas Assure다. Qantas Assure는 항공 운송업이라는 기존 사업과 분리된 조직에서, 항공사 멤버십을 통해 축적한 충성도 높은 고객 데이터를 활용해 디지털 보험과 헬스케어라는 새로운 사업 모델을 성공적으로 구축했다. 이는 기존 항공 비즈니스의 효율화가 아니라, 고객 자산을 기반으로 한 전혀 다른 가치 창출에 해당한다.

현대자동차그룹의 SDV(Software Defined Vehicle) 전략 역시 이 유형의 전형적인 사례다. 현대자동차는 하드웨어 중심 제조 조직에 최적화된 기존 구조만으로는 소프트웨어와 AI 중심의 미래 모빌리티 전환이 어렵다고 판단했고, 이를 위해 42dot 인수를 통해 확보한 역량을 바탕으로 AVP(Advanced Vehicle Platform) 사업본부라는 별도 조직을 구성했다. 이는 기존 조직의 인사·보상 체계와 노사 구조, 우선순위 충돌로부터 자유로운 환경에서 SDV라는 새로운 사업 기반을 구축하기 위한 전략적 선택이었다. 이러한 방식은 기존 조직 내에서 신규 사업을 추진할 때 발생하는 자원 배분의 어려움과 의사결정 지연 문제를 효과적으로 해소한다. 새로운 비즈니스 모델의 가치 창출을 목표로 디지털 혁신을 추진할 경우, 별도 조직을 통한 실행은 기존 조직과의 충돌 방지, 신속한 의사결정, 전문 외부 인재 확보, 빠른 시장 테스트와 피벗, 신규 사업에 대한 집중도 확보라는 측면에서 높은 효과를 보인다. 다만 이러한 별도 조직 기반의 디지털 혁신 전략이 항상 자동적으로 성공을 보장하는 것은 아니다. 최근 42dot의 송창현 사장 사임을 계기로, 현대자동차그룹 내 기존 조직과 42dot 간의 역할과 방향성에 대한 갈등이 외부에 드러난 사례는 이 점을 시사한다.

42dot은 SDV와 자율주행이라는 미래 모빌리티 핵심 역량을 현대자동차그룹이 빠르게 확보하기 위한 전략적 분리 조직으로 출범했으며, 초기에는 기존 자동차 제조 조직과 다른 문화·속도·인재 구조를 갖는 것이 필수적이었다. 이는 하드웨어 중심의 대규모 제조 조직 안에서 소프트웨어와 AI 중심의 혁신을 추진하기 어려운 현실을 감안할 때, 합리적인 선택이었다. 그러나 분리 전략이 일정 수준의 성과를 거둔 이후에는, 기존 조직과의 역할 분담, 기술 내재화 방식, 의사결정 권한의 경계를 명확히 재정의하지 못할 경우 새로운 긴장이 발생할 수 있다. 특히 대규모 제조 기업에서는 연구·개발(R&D), 양산, 품질, 안전, 규제 대응 등과의 정합성이 중요해지면서, 독립 조직의 속도와 기존 조직의 안정성 사이에서 구조적 충돌이 발생하기 쉽다.

이 사례가 주는 교훈은 분명하다. 신규 고객가치 창출형 디지털 혁신에서 '분리'는 출발점이지 종착점이 아니다. 별도 조직을 통해 새로운 역량과 문화를 확보한 이후에는, 어느 시점에서 어떻게 기존 조직과 전략적으로 재결합할 것인지에 대한 명확한 로드맵과 거버넌스 설계가 필수적이다. 그렇지 않으면 혁신 조직은 고립되고, 기존 조직은 변화에 대한 소외감을 키우게 된다. 결국 AI와 소프트웨어 중심의 신규 비즈니스 모델 혁신은 분리와 통합 사이의 균형을 어떻게 설계하느냐의 문제다. 이는 기술의 문제가 아니라, 최고경영진이 직접 조율하고 결단해야 할 조직 전략의 영역이며, 이 지점에서 CEO의 일관된 의지와 명확한 역할 정의가 다시 한번 중요해진다.

카카오뱅크 역시 이러한 신규 고객가치 창출형 디지털 혁신의 대표 사례다. 카카오뱅크는 전통 금융기관과 디지털 플랫폼 기업이 참여했지만, 기존 은행 조직과 분리된 독립 법인 형태로 출범함으로써 초기부터 기술 인력을 전체 인력의 약 40% 수준으로 구성할 수 있었다. 이를 통해 관행 중심의 금융 조직과는 다른 방식으로 고객 여정과 사용자 경험을 설계했고, 신속한 의사결정과 실행이 가능한 조직 문화를 구축했다. 나아가 디지털 전업 은행의 성공이라는 명확한 목표와 성과 보상 구조는 구성원의 강한 동기 부여로 이어졌으며, 이는 결과적으로 새로운 금융 고객 가치를 창출하는 데 핵심적인 역할을 했다.

○ 사례 16 | 카카오 뱅크의 출시 연기 비화 및 대성공

카카오뱅크는 2017년 7월 서비스 출시 이후, 2025년 3분기 누적 기준 약 2,624만 명의 고객을 확보하며 국내 최대 인터넷 전문은행으로 성장했다. 총자산 역시 70조 원대 이상으로 확대되며, 전통 은행의 디지털 채널이 아닌 플랫폼형 금융 서비스로서의 위상을 확립하고 있다.

카카오뱅크를 설명할 때 흔히 따라붙는 수식어는 '제2호 인터넷 전문은행'이다. 실제로 카카오뱅크는 케이뱅크보다 약 4개월 늦은 2017년 7월에 서비스를 시작하며 '국내 1호'라는 타이틀을 얻지는 못했다. 그러나 출범 이후 두 은행의 성장 궤적은 뚜렷하게 갈라졌다. 케이뱅크가 장기간 적자를 거쳐 2021년 이후 안정화 단계에 진입한 반면, 카카오뱅크는 2019년 1분기 조기 흑자 전환에 성공하며 빠르게 수익 기반을 구축했다. 이는 단순한 출범 시점의 차이가 아니라, 디지털 혁신을 바라보는 실행 방식의 차이에서 비롯된 결과로 볼 수 있다.

이러한 성과의 배경에는 카카오뱅크가 단순한 '비대면 은행'이 아니라, 새로운 고객가치를 중심으로 설계된 금융 플랫폼으로서 출범했다는 사실이 있다. 카카오뱅크는 계좌 개설, 송금, 대출이라는 은행의 기본 기능을 디지털화하는 데 그치지 않고, 모바일 전용 구조, 직관적인 사용자 경험, 데이터 기반 상품 설계를 통해 금융 서비스를 일상적 디지털 경험의 일부로 재정의했다.

저자는 카카오뱅크 출범 태스크포스(TF)에 참여했던 관계자와의 인터뷰를 통해, 서비스 초기 단계에서 '같지만 다른 은행'이라는 고객 경험을 충분히 구현하기 어렵다고 판단해 두 차례에 걸쳐 서비스 오픈을 연기했다는 사실을 확인할 수 있었다. 이 과정에서 카카오 출신 인력과 금융권 출신 인력 간에는 치열한 내부 논쟁이 있었지만, 최종적으로는 속도보다 고객 경험의 완성도를 우선하자는 방향으로 의사결정이 내려졌다.

그 결과 카카오뱅크는 모바일 전용 서비스, 평균 7분 이내의 계좌 개설, 공인인증서와 보안카드 없는 이체 방식, 카카오톡 기반의 직관적 UX, 그리고 카카오프렌즈 캐릭터를 활용한 체크카드 등 차별화된 고객 경험을 통해 빠르게 고객을 확보할 수 있었다. 이는 기존 은행의 디지털 채널 개선이 아니라, 은행 서비스 자체를 새롭게 정의한 고객가치 혁신에 가까웠다. 특히 카카오뱅크는 기존 전통 은행 조직과 분리된 독립 법인 구조를 통해 초기부터 전체 인력의 약 40%

를 기술 인력으로 구성할 수 있었고, 관행 중심의 금융 조직과는 다른 방식으로 조직 문화와 의사결정 구조를 설계할 수 있었다. 이러한 분리 구조가 없었다면, 기존 은행의 규제 중심 프로세스와 조직 관행 속에서 이와 같은 수준의 사용자 경험 혁신을 구현하기는 쉽지 않았을 것이다. 카카오뱅크 사례는 신규 고객가치 창출형 디지털 혁신이란 **기존 조직을 조금씩 개선하는 접근이 아니라, 새로운 사업 조직을 통해 미래형 비즈니스 모델을 먼저 구현하는 전략**임을 보여준다. 이는 디지털 기술 자체보다도, 어떤 고객 가치를 중심에 두고 조직과 실행 방식을 설계하느냐가 혁신의 성패를 가른다는 점을 시사한다.

New(신규) 비즈니스 모델 x 비용 운영 중심 디지털 혁신 실행 時

유형 2: 디지털 핵심 역량 축적형 디지털 혁신

디지털 핵심 역량 축적형 디지털 혁신은 새로운 비즈니스 모델을 단기간에 창출하기보다, **향후 혁신을 가능하게 할 내부 디지털 역량을 선제적으로 축적하는 데 초점**을 둔 실행 방식이다. 이 유형은 고객 접점의 급격한 변화보다, 업무 혁신·운영 고도화·데이터 활용 능력 강화를 중심으로 디지털 혁신을 추진하는 경우에 효과적으로 나타난다. 이러한 접근 방식에서는 신규 비즈니스 모델을 곧바로 시장에 출시하기보다는, 기존에 보유한 IT 인프라와 데이터 자산을 고도화하고, 이를 안정적으로 활용할 수 있는 조직·인력·프로세스를 단계적으로 정비하는 것이 우선 과제가 된다. 즉, 디지털 혁신의 목표를 '즉각적인 신사업 성과'가 아니라, **지속 가능한 디지털 실행 능력의 내재화**에 둔다는 점에서 신규 고객가치 창출형 혁신과 구분된다.

특히 AI 시대에 접어들면서 이 유형의 중요성은 더욱 커지고 있다. 생성형 AI와 고도화된 분석 기술은 단순히 새로운 서비스를 만드는 도구가 아니라, 조직 전반의 의사결정·운영·업무 방식 자체를 재구성하는 범용 기술(General Purpose Technology)로 작용한다. 그러나 AI는 단독으로 성과를 만들어내지 않는다. 양질의 데이터, 안정적인 클라우드·IT 인프라, AI 모델을 이해하고 활용할 수 있는 인재, 그리고 이를 실제 업무에 연결하는 프로세스가 갖춰지지 않으면 AI 도입은 오히려 복잡성과 비용만 증가시킬 위험이 있다. 이 때문에 AI 시대의 디지털 혁신은 '무엇을 만들 것인가'보다, AI를 반복적으로 실험하고 확산시킬 수 있는 내부 역량을 먼저 갖추는 것이 결정적으로 중요해진다.

대표적인 사례가 캐터필러다. 캐터필러는 건설·중장비라는 전통 제조업의 특성상, 단기간에 완전히 새로운 디지털 비즈니스 모델을 분리 조직으로 추진하기보다, 장비 운영 데이터와 현장 정보를 기반으로 한 디지털 운영 및 분석 역량 강화를 우선 선택했다. 이를 위해 캐터필러는 외부 파트너와의 협력을 포함한 디지털 생태계를 구축하고, 본사 조직 내에 캐터필러 Connect 사업부를 운영하며 커넥티드 장비, 원격 모니터링, 예측 정비와 같은 서비스를 단계적으로 확장해왔다. 이는 AI 기반 의사결정과 자동화를 가능하게 하는 데이터·플랫폼 중심의 코어 역량을 내부에 축적한 전략으로 해석할 수 있다.

전통 금융 산업에서도 유사한 접근이 나타난다. 스페인의 대표적 금융기관인 BBVA는 디지털 혁신을 본격화하면서, 신규 금융 서비스 출시 이전에 조직 구조, 디지털 인재, 클라우드 기반 IT 인프라, 데이터 분석 역량을 체계적으로 강화했다. 또한 핀테크 기업과의 제휴, 스타트업 액셀러레이터 프로그램 운영 등을 통해 외부 혁신을 내부 역량과 연결하는 구조를 구축했다. 이는 AI 기반 신용평가, 리스크 관리, 개인화 금융 서비스와 같은 고도화된 혁신을 가능하게 하는 기반 역량을 먼저 확보하려는 전략적 선택이었다.

이처럼 디지털 핵심 역량 축적형 혁신은 기존 비즈니스의 규모가 크고 복잡할수록, 또는 규제와 안정성이 중요한 산업일수록 AI 시대에 더욱 효과적인 접근 방식이 된다. 이 유형에서 중요한 것은 무엇을 '만들 것인가'가 아니라, AI와 디지털 기술을 지속적으로 학습 · 적용 · 확산할 수 있는 조직이 되는 것이다. 이러한 기초 체력이 갖춰질 때, 기업은 이후 신규 고객가치 창출형 디지털 혁신으로 자연스럽게 확장할 수 있는 선택지를 확보하게 된다.

↻ 사례 17 | 전 조직의 디지털화를 목표로 BBVA

BBVA는 빌바오 비스키아 아르헨타리아 은행(Banco Bilbao Vizcaya Argentaria, S.A.)의 줄임말로 1999년 설립된 스페인의 은행이다. BBVA는 스페인 거대은행들의 인수합병으로 설립되었으며, 스페인뿐만 아니라 유럽 및 미국, 남미 등 전세계적으로 운영하는 글로벌 금융 그룹이다. BBVA는 디지털 혁신 비전 및 목표를 바탕으로 디지털 혁신의 가장 기초 체력이라고 할 수 있는 조직 · 인력, 데이터 · 분석, 디지털 · IT, 외부 협력 플랫폼 구축 등을 중심으로 디지털 혁신을 추진하고, 강력한 기초 체력을 기반으로 신규 사업 모델의 디지털 혁신뿐만 아니라 전사 업무 혁신 중심의 디지털 혁신까지 추진하고 있다.

"디지털 시대에 은행의 경쟁사는 더 이상 금융기관이 아니다. 혁신적인 아이디어와 기술로 무장하고 새롭게 떠오르는 핀테크 업체, 기술 기반 금융 서비스업체 모두 은행의 경쟁 상대다."

이는 BBVA의 디지털 혁신을 주도한 Francisco Gonzalez 회장이 언론과의 인터뷰에서 한 말이다. BBVA는 2007년부터 '고객 서비스를 위한 기술 활용'이라는 목표하에 전방위적으로 디지털 혁신을 추진하고 있다. 2015년 스페인 바르셀로나에서 열린 모바일 월드 콩그레스(Mobile World Congress)에서는 "이제 BBVA는 더 이상 금융기관이 아니라 소프트웨어 기업이라고 전?? 선언했다. 2007년 시작된 BBVA의 디지털 혁신 여정은 1단계(2007~2012년) 핵심 시스템의 디지털화, 2단계(2012~2014년) 디지털 역량 개선 및 신규 디지털 역량 구축, 3단계(2015~2020년) 조직, 문화, 인재 등 전 조직의 디지털화 등을 목표로 진행하고 있다.

특히, 2단계는 본격적인 조직 내 디지털 역량 개선 및 신규 디지털 역량 구축 단계로, 공식적으로 조직 내에 CDO(Chief Digital Officer)를 두고, P & L(Profit & Loss) 책임은 없지만, 각 사업부 조직 내에서 진행하는 금융 상품을 디지털 채널에 올리고, 상품을 디지털 채널에 맞게 변화하는 과정에서 발생하는 각종 디지털 혁신 과제를 내부적으로 보고받고 챙길 수 있는 구조를 만들었다. 그리고 조직 내 디지털 과제가 잘 수행될 수 있도록, 각 고객이 디지털 채널에 접근할 때 발생할 수 있는 불편한 점들을 파악하고 어떤 편의를 제공할 수 있는지 정의할 수 있는 '고객 경험 설계 디자인' 전문가, 웹과 모바일 앱에서 고객이 접하는 Front-End와 CRM 활동 개발에 집중할 수 있는 개발자, 조직의 전체 디지털 혁신 및 문화, 정책을 관리하는 조직 혁신 전문가, 조직 내에서 빈번하게 요구되는 빅데이터 분석 역량을 확보할 수 있는 빅데이터 분석 전문가, 벤처 캐피탈 및 스타트업 액셀러레이터 파트너십 및 M&A도 적극적으로 검토할 수 있는 디지털 신사업 전문가, 조직 내 전체 디지털 혁신 로드맵을 총

괄하고 관장하는 PMO(Program Management Office) 역할을 할 수 있는 변화 관리 전문가 등을 포함해 디지털 조직의 위용을 갖추기 시작했다.

2015년부터 진행된 BBVA의 3단계 디지털 혁신은 조직, 문화, 인력에 걸쳐 '전 조직의 디지털화'를 모토로 모든 조직이 디지털 기능·업무와 연계된 구조로 진화하고 모든 조직이 디지털 DNA를 갖추도록 하는 것이 특징이다. 특히, 2019년 BBVA의 그룹 회장으로 취임한 Carlos Torres Vila는 2014년 2단계 디지털 혁신 과정에서 CDO(Chief Digital Officer)로 BBVA의 디지털 혁신을 주도한 인물이다. 50여 개의 2단계 디지털 혁신 프로젝트를 혁신적으로 수행했던 그는 BBVA처럼 거대 공룡 같은 기업이 디지털 혁신을 진행하려면 핀테크 업체의 다양한 아이디어를 흡수하고, 이들과 공생하는 전략으로 거대 디지털 플랫폼 기업의 금융 사업 진출해 경쟁해야 한다는 확고한 생각이 있었다.

그의 의견에 따라 핀테크 업체와 교류를 통한 내부 혁신 전략을 수립했다. 핀테크 업체와 다양한 프로젝트를 공동으로 수행하는 핀테크 랩인 오픈 스페이스(Open Space), 핀테크 기술 공모전인 오픈 탤런트(Open Talent), 뱅킹 혁신 주제를 논의하는 핀테크 대학등이 그 결과물이다. 특히, 오픈 스페이스를 통해 BBVA의 기존 업무 체계를 핀테크 기술업체의 아이디어와 접목해 업무 체계를 구축함으로써 시장의 요구사항에 기민하게 대응할 수 있었다. 핀테크 기술업체와 적극적인 협력을 통해서 내재화하려는 노력은 많은 성과를 창출했다. 지급 결제를 위한 BBVA 지갑(BBVA Wallet) 자산 관리 앱인 마이 데이 투 데이(My Day to Day), P2P 송금 앱인 캐시 업(Cash Up), 해외 송금을 지원하는 투요(Tuyyo) 등이 그 대표적인 결과물이다.

BBVA의 모바일 앱은 전문 시장·기업 리서치 기관인 Forrester에서 수행하는 글로벌 뱅킹 모바일앱 리뷰(Global Mobile Apps Summary)에서 2019년 전 세계 1위를 차지하면서 3년 연속으로 글로벌 1위를 차지하는 영예를 안았다. 그뿐만 아니라 2017년 5월에는 외부에서 오픈 플랫폼을 통해 자사 고객 데이터를 활용할 수 있는 BBVA API(Application Programming Interface) 마켓을 시작하고, 금융 플랫폼 기업으로 도약을 모색하고 있다. BBVA는 오픈 API를 통해 타사 및 핀테크 업체 등과 협업을 강화하고 다양한 상품 및 서비스를 개발해 비즈니스 확대를 이루고자 계속 혁신하고 있다. 외부와 지속적인 협력을 통해서 디지털 문화로 바꾸고자 하는 노력이 성공을 거둔 대표적인 사례라고 할 수 있다.

기존 비즈니스 모델 x 고객 가치 혁신 중심 디지털 혁신 실행 時

유형 3: 고객 경험 중심 재설계형 디지털 혁신 추진

고객 경험 중심 재설계형 디지털 혁신(유형 3)은 기존 비즈니스 모델을 유지하되, 고객 경험을 출발점으로 전사적인 디지털 혁신을 추진하는 방식이다. 이 유형의 핵심은 새로운 사업을 만드는 데 있지 않다. 대신 기존 제품과 서비스 전반을 고객의 관점에서 다시 설계하고, 그 과정에서 내부 프로세스와 운영 구조를 함께 혁신하는 데 목적이 있다.

이러한 유형의 디지털 혁신에서는 먼저 고객이 제품이나 서비스를 인지하고, 구매하고, 이용하고, 사후 관리를 받는 전체 고객 여정(End-to-End Journey)을 세밀하게 분석한다. 이후 고객과의 접점을 중심으로 디지털 기술을 적용해 불편 요소를 제거하고 경험의 질을 개선하며, 이 변화가 내부 업무 프로세스 개선으로 자연스럽게 연결되도록 설계한다. 즉, 고객 경험 혁신이 내부 운영 혁신을 견인하는 구조다.

대표적인 사례가 호주의 대형 은행인 NAB다. NAB는 기존 은행 비즈니스 모델을 유지한 채, 고객 여정을 E2E(End to End) 관점에서 재정의했다. 금융 거래, 대출, 보호, 저축 및 투자 등 고객의 주요 금융 활동을 약 20~30개의 세부 단계로 분해하고, 각 단계에서 발생하는 불편과 비효율을 디지털 기술로 개선하는 전략을 선택했다.

특히 자금 대출 영역에서는 고객의 상황에 따라 고가 소비재 구매, 주택 마련, 긴급 자금 수요, 부채 관리, 사업 확장, 학자금 대출 등 여섯 가지 대표 시나리오로 고객 여정을 세분화했다. NAB는 각 시나리오별로 필요한 정보, 심사 과정, 의사결정 속도, 고객 커뮤니케이션 방식을 재설계함으로써, 기존 대출 프로세스를 고객 중심으로 전환했다. 이는 새로운 금융 상품을 출시한 것이 아니라, 기존 금융 서비스를 '사용하기 쉬운 경험'으로 재구성한 혁신이었다.

그림 59 E2E 고객 경험에서 시작한 디지털 혁신 추진

고객 관점에서 은행을 사용하는 20~30여개의 여정으로 나누어 디지털 化

일반 금융 거래	자금 대출	금융 서비스	Protect	저축 및 투자
❶ 금융 거래를 위한 新 계좌 개설	❹ 고가의 상품 구매 위한 필요한 금융 거래(예. 차, 보트 등)	❿ 금융 관련 이슈에 대한 해결 수행 (예. 고객 불만 해결)	⓰ 구매 예정인 보험 상품에 대한 검토	⓴ 저축 및 투자를 위한 신규 계좌 개설
❷ 금융 거래를 위한 최적 정보 수집	❺ 집을 마련하기 위한 금융 거래(예. 주택 모기지 등)	⑪ 관련 정보 변경 시, 정보 업데이트	⑰ 필요한 보험 상품의 파악 및 구매 수행	㉑ 은퇴자금 확보를 위한 계획 수립 및 투자 수행
❸ Fraud 거래에 대한 파악 및 관련 처리 수행	❻ 긴급 자금이 필요 시 대처하기 위한 신용 대출	⑫ 금융 상품 및 수수료 체계에 대한 이해 및 비교/ 분석	⑱ 자산 보호를 위한 손해 보험 상품의 가입	㉒ 가족의 학자금/ 결혼 자금 확보를 위한 계획 및 투자
	❼ 부채에 대한 관리의 수행(예. 저리의 대출로 대환 등)	⑬ 일상 금융 거래의 수행(예. 온라인 또는 모바일 거래 등)	⑲ 관련 손실 발생 시, 보험 처리 및 보험금 수령	㉓ 시장 상황 급변 시 투자 자산 rebalancing
	❽ 사업의 확장을 위한 장기 자본 및 유동성 자금 확보	⑭ 대출금 지불 또는 대출 상환		㉔ 자금 상속을 위한 계획 수립
	❾ 대학 학자금의 대출 및 상환	⑮ 재무적 어려움에 대한 관리 수행 (예. 어음 지급 등)		

*출처: 호주 은행 NAB

이 과정에서 NAB는 내부 역량만으로 모든 혁신을 추진하기보다, 외부 기술 파트너와의 협업을 적극 활용했다. 회계·재무 플랫폼 기업인 Xero와의 협력을 통해, 고객은 별도의 복잡한 절차 없이 대시보드 기반으로 금융 현황을 확인하고 거래를 처리할 수 있게 되었고, 은행 역시 고객 데이터 활용과 업무 효율성을 동시에 높일 수 있었다.

이처럼 고객 경험 중심 재설계형 디지털 혁신은 고객 관점에서 시작되지만, 그 효과는 내부 프로세스 효율화와 조직 운영 방식의 변화로 확장된다. Apple이나 일본 시장에서 디지털 채널 중심으로 보험 서비스를 재설계한 Aflac의 사례 역시, 신사업 창출보다는 기존 사업의 고객 경험을 근본적으로 개선함으로써 경쟁력을 강화한 유형 3의 대표적 사례로 볼 수 있다.

고객 경험 중심 재설계형 디지털 혁신은 이미 안정적인 비즈니스 모델을 보유한 기업, 그리고 고객 접점이 복잡하고 불편 요소가 누적된 산업일수록 효과적인 접근 방식이다. 이 유형에서 디지털 혁신의 성패는 기술의 수준이 아니라, 얼마나 집요하게 고객 여정을 이해하고, 이를 조직과 프로세스 변화로 연결할 수 있는가에 달려 있다.

기존 비즈니스 모델 x 비용 운영 중심 디지털 혁신 실행 時

유형 4: 운영 효율 및 의사결정 고도화형 디지털 혁신

운영 효율 및 의사결정 고도화형 디지털 혁신(유형 4)은 기존 비즈니스 모델을 유지한 채, 비용 구조 개선과 운영 효율 향상, 그리고 의사결정의 정확도와 속도를 높이는 데 초점을 둔 디지털 혁신 방식이다. 이 유형은 새로운 고객가치나 신사업 창출보다, 현재 조직이 직면한 명확하고 측정 가능한 문제를 디지털 기술로 해결하는 데 목적을 둔다.

무엇보다 유형 4는 **가장 현실적인 디지털 혁신의 출발점**이다. 특히 조직 내에 디지털 혁신에 대한 피로감이 누적되어 있거나, 과거의 실패 경험으로 회의적 시각이 팽배한 경우, 전사 차원의 대규모 변화보다 작고 분명한 성과를 빠르게 보여줄 수 있는 접근이 필요하다. 유형 4는 ROI가 명확한 우선 과제를 중심으로 작은 성공을 만들어내고, 이를 조직 전반에 확산시킴으로써 '디지털 혁신은 실질적인 도움이 된다'는 신뢰를 회복하는 데 효과적이다. 이 유형의 핵심은 '한 번에 바꾸는 혁신'이 아니라, 검증 가능한 성과를 계단식으로 축적하는 실행 전략에 있다.

이러한 접근의 대표적인 사례가 캐피털원이다. 캐피털원은 2011년을 기점으로 냉철한 내부 진단을 통해 디지털 혁신의 방향과 우선순위를 명확히 설정했다. 1단계에서는 모바일 채널 개편과 모바일 전용 상품 출시 등 고객 접점의 일부 영역에 디지털 혁신을 집중하는 동시에, 백엔드 IT 인프라 강화와 내부 IT 인력 내재화에 초점을 맞췄다. 이는 전사 혁신에 앞서 **운영 효율과 실행 역량을 먼저 확보**하기 위한 선택이었다.

이후 캐피털원은 2014년부터 전사적 디지털화를 본격 추진하는 2단계를 거쳐, 2018년 이후에는 AI와 고급 분석(Analytics)을 기반으로 한 3단계 혁신에 진입했다. 이 단계에서 디지털 혁신은 단순한 비용 절감이나 채널 개선을 넘어, **신용평가, 리스크 관리, 마케팅 등 핵심 업무 전반의 의사결정 고도화**로 확장되었다. 최근에는 생성형 AI와 클라우드 기술을 적극 활용해 경쟁사 대비 차별화된 운영 효율과 분석 역량을 확보하는 데 주력하고 있다.

이와 유사하게 Starbucks는 매장 운영, 수요 예측, 재고 관리 등 핵심 운영 영역에 데이터 분석과 디지털 도구를 적용해 비용 효율과 매장 생산성을 동시에 개선했다. 의료 분야에서는 Epic이 병원 운영 데이터를 생성형 AI 기술을 기반으로 진료 흐름과 자원 배분을 최적화하여 서비스 품질과 운영 효율을 함께 끌어올린 사례로 평가된다.

운영 효율 및 의사결정 고도화형 디지털 혁신은 이미 안정적인 비즈니스 모델을 보유하고 있으나, 비용 압박이 크거나 의사결정 복잡도가 높은 조직에 특히 적합하다. 이 유형의 성패는 얼마나 화려한 기술을 도입했는가가 아니라, 가장 중요한 문제를 정확히 정의하고 이를 데이터와 기술로 얼마나 빠르게 해결했는가에 달려 있다. 다만 이 유형은 기존 비즈니스의 효율을 극대화하는 데 강점이 있는 반면, 장기적인 성장 동력을 확보하기 위해서는 이후 고객 경험 중심 혁신(유형 3)이나 디지털 핵심 역량 축적형 혁신(유형 2)으로의 확장이 필요하다는 점 또한 함께 고려해야 한다.

제3절

AI시대 비즈니스 모델에 따른
효과적인 디지털 혁신 확산(Scale-Up) 실행 전략

AI 시대에 접어들면서 디지털 혁신의 성패는 더 이상 기술을 도입했는가의 문제가 아니라, AI 기반 혁신을 조직 전반으로 얼마나 빠르고 안정적으로 확산시킬 수 있는가에 달려 있다. 실제로 많은 기업이 파일럿 프로젝트나 일부 업무 영역에서는 의미 있는 성과를 거두지만, 그 성공 경험을 전사적인 표준 방식으로 확산시키는 데 실패하면서 디지털 혁신이 중단되는 경우를 반복하고 있다. 이는 디지털 혁신이 '실행의 문제'라기보다, 처음부터 확산을 고려하지 않은 전략 설계의 문제에서 비롯되는 경우가 많다.

디지털 혁신 선도 기업들의 사례를 분석해 보면, 이들은 초기 성과 그 자체보다도 성공 경험을 조직의 운영 방식과 의사결정 구조에 어떻게 안착시킬 것인가에 더 큰 우선순위를 두고 있었다. 특히 AI와 데이터 기반 혁신은 한두 개의 성공 사례로는 경쟁력을 만들 수 없으며, 의사결정, 업무 프로세스, 성과 평가 체계 전반에 스며들 때 비로소 조직의 능력으로 전환된다. 이를 위해 선도 기업들은 디지털 혁신이 성공했을 때 해당 방식이 개인의 성과나 일회성 프로젝트로 소멸되지 않도록, 조직 문화, 제도, 거버넌스를 함께 설계하며 확산을 전제로 한 실행을 추구했다.

이러한 관점에서 보면, 디지털 혁신의 성공 여부는 단순히 '무엇을 했는가'의 문제가 아니라, 어떤 비즈니스 모델을 대상으로 어떤 유형의 디지털 혁신을 선택했는가에서 이미 상당 부분 결정된다. 앞서 정리한 바와 같이, AI 확산의 방식은 비즈니스 모델(기존 vs 신규)과 혁신의 초점(고객가치 중심 vs 운영·비용 중심)에 따라 네 가지 유형으로 구분될 수 있으며, 각 유형은 서로 다른 확산 속도와 범위, 리스크를 가진다. 따라서 디지털 혁신 실행 프레임워크의 10대 핵심 구성 요소 역시 모든 상황에 동일하게 적용되기보다는, 선택한 혁신 유형에 맞게 선별·조합되어야 한다. 선도 기업들은 내부 전략과 자원 수준을 냉정하게 진단한 후, 자사 비즈니스 모델에 적합한 디지털 혁신 유형을 선택하고, 그 유형에 최적화된 구성 요소를 집중적으로 활용함으로써 성공 공식을 빠르게 스케일업했다.

특히 신규 비즈니스 모델을 고객가치(Value) 혁신 중심으로 추진하는 경우, AI 확산 관점에서 유형 1(신규 고객 가치 창출형 디지털 혁신)이 가장 효과적인 전략으로 작동한다. AI 시대의 경쟁 환경에서는 빠른 의사결정, 유연한 인력 구성, 차별화된 보상과 평가 체계가 필수적이기 때문이다. 기존 조직의 제약을 그대로 둔 채 부분적인 디지털 혁신을 반복하는 방식으로는, AI 기반 신규 비즈니스가 요구하는 속도와 복잡성을 감당하기 어렵다. 결국 신규 사업의 성공과 조직 전반으로의 확산을 동시에 달성하기 위해서는, 초기부터 별도 조직을 통한 디지털 혁신을 설계하고, 이후 전략적 전환 시점에 기존 조직으로 확산을 고려하는 접근이 가장 현실적인 선택이 된다.

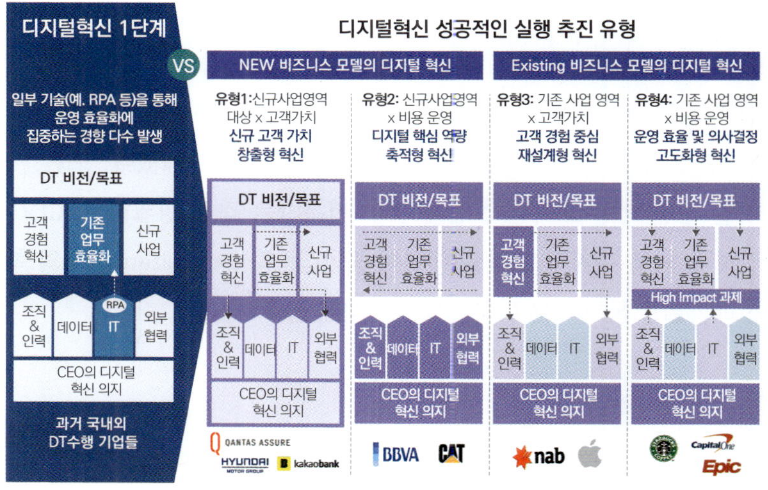

그림 60 디지털 혁신 2단계(Scale-Up)의 성공적인 실행 추진 유형

신규 사업 모델 영역을 대상으로 비용 운영 중심의 디지털 혁신을 추진하는 경우, 유형 2(디지털 핵심 역량 축적형 디지털 혁신)가 가장 효과적인 실행 방법론으로 작동한다. 신규 비즈니스 모델은 기

존 업무와의 연속성과 단절성이 동시에 존재하기 때문에, 기존 업무의 문제점과 프로세스를 충분히 이해하는 동시에, 새로운 비즈니스 모델의 구조와 성공 요인을 함께 이해할 수 있는 조직·인력·IT·데이터 분석 역량과 디지털 협력 생태계가 선행적으로 구축되어야 한다. 이 유형에서는 신규 사업을 곧바로 분리 조직으로 출범시키기보다, 내부 디지털 기초 체력을 충분히 축적한 이후, 상황에 따라 별도 사업부 분사 또는 기존 사업 부서로의 배치(Deployment)를 통해 디지털 혁신을 확산시키는 방식이 성공 확률을 높인다. 즉, 디지털 혁신의 출발점은 '조직 구조'가 아니라, 조직이 무엇을 할 수 있는 상태가 되었는가에 있다.

유럽 주요 금융 그룹 중 하나인 BBVA의 사례는 이를 잘 보여준다. BBVA는 2012~2014년을 디지털 역량 확보의 초기 단계로 설정하고, CDO(Chief Digital Officer) 체계를 도입해 신규 디지털 역량 구축을 전담하도록 했다. 이 시기 BBVA는 성과 책임이 없는 독립적인 디지털 조직과 Double Reporting 체계를 운영하며, 신규 비즈니스 모델 전반의 업무 혁신과 전환을 책임지도록 설계했다. 또한 디지털 관련 핵심 포지션에 업계 외부 전문가를 적극 영입하고, CDO 산하에 외부 디지털 인력을 배치해 중앙집중형(Centralized) 방식의 혁신과 개발을 통해 내부 디지털 역량 축적에 집중하였다(그림 61).

 BBVA 2단계 디지털 혁신 추진 방법론 – 디지털 기초 체력 강화를
위한 CDO(Chief Digital Officer) 체계 도입

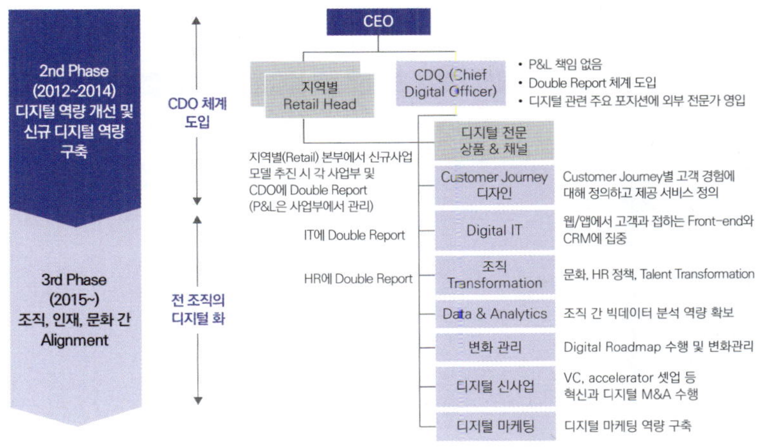

*출처: BBVA internal benchmarking analysis

이후 BBVA는 외부 디지털 인재와 스타트업 생태계와의 협업을
통해 디지털 기술과 실행 경험을 충분히 확보한 뒤, 2015년부터는
분권형(De-centralized) 방식으로 전환해 디지털 혁신의 효과를 전사
로 확산하였다. 이 단계에서는 신규 사업 모델뿐만 아니라 기존 사
업 모델 전반에서 고객 경험 개선과 내부 업무 혁신을 동시에 추진
하며, 축적된 디지털 역량을 조직 전체로 확산시키는 전략을 취했다
(그림 62).

그림 62 BBVA 3단계 디지털 혁신 추진 방법론 – 조직, 인재, 문화 간 Alignment

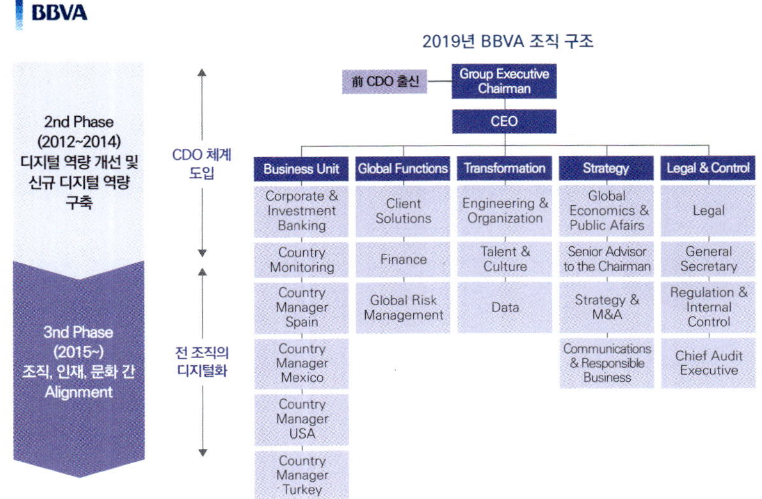

*출처: BBVA internal benchmarking analysis

　유형 3(고객 경험 중심 재설계형 디지털 혁신)은 기존 비즈니스 모델을 유지한 채, 고객과의 접점에서 발생하는 불편과 비효율을 제거함으로써 결과적으로 **운영 비용과 의사결정 구조를 동시에 개선하는 데 최적화된 디지털 혁신 방식**이다. 이 유형은 단순히 '고객 만족도를 높이기 위한 UX 개선'에 머무르지 않고, 고객 경험을 기준점으로 삼아 내부 프로세스와 조직 운영 방식을 재설계한다는 점에서, 비용·운영 관점의 혁신과 매우 밀접하게 연결된다.

　기존 사업이 성숙 단계에 접어든 기업일수록 고객 불만은 제품이나 서비스의 본질보다는 복잡한 절차, 느린 응답 속도, 반복적인 정보 입력, 부서 간 책임 전가와 같은 운영 구조에서 발생하는 경우가 많다. 이러한 상황에서 비용 절감을 목표로 백엔드 시스템만 개선하거나 인력을 감축하는 방식은 단기적인 성과를 낼 수는 있으나, 오히려 고객 경험을 악화시켜 재작업 비용이나 고객 이탈 비용을 증가시키는 부작용을 낳기 쉽다. 고객 경험 중심 재설계형 혁신은 이러한 한계를 극복하기 위해 고객 여정을 End to End로 재정의하고, 고객이 실제로 겪는 불편 지점을 기준으로 프로세스를 단순화한다. 이 과정에서 중복 업무가 제거되고 승인 단계가 축소되며 자동화가 자연스럽게 도입되고, 그 결과 운영 비용은 구조적으로 감소하게 된다. 즉, 비용 혁신을 직접적인 목표로 삼지 않더라도, 고객 경험을 출발점으로 삼으면 비용 효율은 자연스럽게 따라오는 구조가 형성된다.

또한 많은 전통 기업은 오랜 기간 상품 중심, 부서 중심, 규정 중심으로 조직과 시스템을 설계해 왔다. 이러한 구조에서는 고객이 하나의 문제를 해결하기 위해 여러 조직과 채널을 거쳐야 하며, 그 과정에서 불필요한 비용과 시간이 누적된다. 고객 경험 중심 재설계형 디지털 혁신은 이러한 내부 논리를 고객 관점으로 전환하는 데 초점을 둔다. 금융, 유통, 통신, 항공, 헬스케어와 같은 산업에서 고객은 '대출을 받는다', '상품을 구매한다', '예약을 변경한다'는 하나의 목적을 달성하기 위해 수많은 내부 단계를 통과해야 한다. 이 유형의 혁신은 목적 중심의 흐름을 기준으로 프로세스를 재구성하고, 디지털 채널과 데이터를 활용해 불필요한 단계를 제거함으로써 고객 응대 비용을 줄이는 동시에 의사결정의 속도와 정확도를 높인다.

고객 경험 중심 재설계형 디지털 혁신의 가장 큰 장점은 비용 절감과 고객 만족이라는 두 가지 목표를 동시에 추구할 수 있다는 점이다. 비용 중심 혁신만을 강조할 경우 고객 경험이 훼손될 위험이 있고, 반대로 고객 경험 개선만을 강조할 경우 투자 대비 효과에 대한 의문이 제기될 수 있다. 이 유형은 이 두 가지를 상충 관계가 아닌 선순환 구조로 연결한다. 실제로 NAB나 Apple과 같은 기업들은 고객 경험을 기준으로 프로세스를 재설계하면서 콜센터 비용 감소, 재작업률 감소, 처리 시간 단축과 같은 명확한 운영 성과를 동시에 달성했다. 이는 고객 경험 혁신이 곧 비용 혁신으로 이어질 수 있음을 보여주는 대표적인 사례다.

종합해 보면, 고객 경험 중심 재설계형 디지털 혁신은 기존 비즈니스 모델을 유지하면서도 고객 경험을 매개로 비용·운영 구조를 근본적으로 개선해야 하는 상황에서 가장 효과적인 디지털 혁신 실행 방법론이라 할 수 있다. 이 유형은 고객 경험 개선이라는 부드러운 출발점을 통해 조직 내부의 저항을 낮추는 동시에, 운영 효율과 의사결정의 질을 함께 끌어올리는 현실적인 대안을 제공한다.

AI 시대에 들어서면서 유형 3(고객 경험 중심 재설계형 디지털 혁신)의 전략적 중요성은 더욱 커지고 있다. AI는 고객 데이터를 기반으로 개인화된 경험을 제공하는 동시에, 자동화와 예측을 통해 운영 비용을 낮출 수 있는 기술이기 때문이다. 따라서 고객 경험 중심 재설계형 디지털 혁신은 AI 확산의 자연스러운 진입점이자, 기존 사업 모델을 유지하면서도 경쟁력을 재정의할 수 있는 전략적 선택이라 할 수 있다.

기존 비즈니스 모델을 대상으로 디지털 혁신을 추진하는 경우, 특히 조직 내에 디지털 혁신에 대한 회의적이거나 부정적인 인식이 팽배한 상황에서는 유형 4(운영 효율 및 의사결정 고도화형 디지털 혁신)가 가장 현실적인 출발점이 된다. 이 유형은 단기간에 조직의 모든 것을 바꾸기보다, 현재의 업무와 운영 구조 안에서 명확한 문제를 정의하고 이를 디지털 기술로 해결하는 데 초점을 둔다.

이 경우 핵심은 기존 채널과 고객 경험에서 발생하는 불편 요소, 또는 내부 운영상의 비효율을 식별하고 이를 점진적으로 개선하는 것이다. 이를 위해 필요한 조직·인력·IT·데이터 인프라를 단계적으로 확충하고, 필요에 따라 외부 디지털 협력 생태계를 활용하는 방식이 효과적으로 작동한다. 특히 작은 규모의 핵심 과제를 중심으로 가시적인 성과를 도출하고, 그 결과를 데이터로 입증함으로써 디지털 혁신의 실질적 가치를 조직 내부에 확산시키는 전략은, 변화에 대한 불확실성과 저항을 낮추는 데 매우 유용하다.

다만 유형 4는 기존 비즈니스의 효율성과 의사결정 품질을 높이는 데 강점이 있는 반면, 새로운 고객가치나 성장 동력을 직접적으로 창출하는 데에는 한계가 있다. 그럼에도 이 유형은 AI와 데이터 기반 혁신의 초기 진입점으로서, 조직이 디지털 혁신을 '위험한 변화'가 아닌 '관리 가능한 개선'으로 인식하게 만드는 중요한 역할을 한다. 이러한 신뢰와 실행 경험이 축적될 때, 조직은 이후 고객 경험 중심 혁신이나 디지털 핵심 역량 축적형 혁신으로 자연스럽게 확장할 수 있는 기반을 확보하게 된다.

비즈니스 모델과 디지털 혁신 유형이 무엇이든 성공적인 디지털 혁신 확산을 위해서는 공통적으로 두 가지 요소가 반드시 필요하다.

첫째, 명확한 디지털 혁신의 비전과 목표다. 신규 비즈니스 모델이든 기존 비즈니스 모델이든 고객 가치 중심이든 비용 운영 중심이든 간에, 구성원들에게 명확한 방향과 목적을 제시하지 못하면 디지털 혁신은 혼란과 저항만 낳게 된다. 예컨대 명확한 목표나 사용 시나리오 없이 최신 AI 기술을 도입하겠다고 선언할 경우, 구성원들은 기술의 효용을 이해하지 못한 채 부정적인 인식만 강화하게 된다. 반대로 고객 경험 개선이나 업무 생산성 향상과 같이 명확한 목표와 실질적인 효용이 입증될 경우, AI 도입에 대한 조직 내부의 수용도와 확산 속도는 현저히 높아진다.

둘째, CEO와 중간관리자가 하나로 정렬된 디지털 혁신 의지다. 디지털 혁신은 기존의 업무 방식과 관행을 근본적으로 바꾸는 변화를 요구한다. CEO는 조직 내에서 가장 큰 영향력을 가진 인물로서 혁신의 방향을 설정하고 자원 배분을 결정하는 핵심 역할을 수행한다. CEO의 지속적인 지지와 일관된 메시지가 없다면, 디지털 혁신은 조직 내에서 우선순위가 낮은 과제로 인식되기 쉽다. 동시에, 디지털 혁신 전략을 현장에서 실행하는 중간관리자의 역할 역시 결정적이다. 중간관리자는 팀과 구성원들에게 디지털 혁신의 필요성과 방향을 설명하고 설득하며, 변화에 대한 저항을 최소화해야 한다. 또한 현장에서 발생하는 문제와 개선 의견을 상향식으로 전달하며, 전략과 실행 사이의 간극을 조정하는 역할을 맡는다. 중간관리자가 디지털 혁신에 대해 냉소적이거나 방관적인 태도를 보인다면, 디지털 혁신은 성공할 수 없다.

결국 디지털 혁신은 첨단 기술의 도입 문제가 아니라, 조직 전체가 변화의 방향에 공감하고 함께 움직일 수 있도록 설계하는 문제다. 명확한 비전과 목표, 그리고 CEO와 중간관리자가 하나로 정렬된 디지털 혁신 의지는, 어떤 유형의 디지털 혁신을 선택하든지 성공을 좌우하는 필수 조건이라 할 수 있다.

제4절

성공 경험의 전파 및 내재화 · 상시화

BCG(Boston Consulting Group)의 "Beyond the hype - The real champions of building the digital future"(2017)라는 자료에서 1,300여 개 디지털 혁신을 진행한 기업들과 연구 조사 결과, 디지털 혁신의 실행을 앞서간 선도 업체와 후발 업체 간에 확연한 차이가 있었음을 알 수 있었다. 디지털 투자 규모 영역에서 디지털 혁신 선도 업체들은 이미 기업 자원의 상당 부분을 디지털 혁신 실행 프로젝트(예시. 신규 디지털 사업, 고객 경험 혁신, 기존 업무 효율화 등)에 투자하고 있었으며, 50% 이상의 디지털 혁신 실행 선도 업체들은 이미 OPEX의 5% 이상을 디지털 혁신에 집행하고 있었다. 디지털 인력 수혈 영역에서 디지털 혁신 선도 업체들은 디지털 전문가를 투입하고, 기존 직원들의 디지털 역량 강화 교육에 상당한 투자를 하고 있음을 확인할 수 있었으며, 약 50% 이상의 디지털 혁신 실행 선도 업체들이 디지털 전문 정규 인력을 20% 이상으로 확충하여 디지털 혁신 실행을 가속화하고 있었다. 디지털 문화 영역에서는 디지털 직급의 체계화, 사업부 별 독자적인 디지털 혁신 지원 등을 통하여 디지털 조직으로의 완전한 전환을 추진 중이었고, 약 40%의 디지털 혁신 선도 업체들은 이미 디지털 혁신의 내재화 / 상시화를 추진할 수 있는 디지털 조직으로 전환 중이었다(그림 63).

 디지털 혁신 실행 기업 Survey 조사 결과

디지털 혁신의 실행을 앞서간 선도 업체 vs 후발 업체 간 확연한 차이 발생
이는 곧 디지털 시대의 새로운 경쟁우위가 됨

디지털 투자 규모

자원의 상당부분을 디지털
프로젝트에 투자
(예. 신규 디지털 사업, 고객
경험 혁신, 운영 효율화 등)

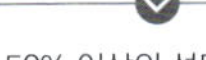

50% 이상의 선도업체는
OPEX의 5% 이상을 디지털에
투자하고 있음

디지털 인력 sourcing

전사에 디지털 전문가를
투입하고, 기존 직원의
디지털 역량 강화

50% 이상의 선도 업체의
디지털 전문 정규인력을 전체
인력의 20% 이상으로 늘림

디지털 문화

디지털 조직으로의 완전한 전환
(예. 디지털 직급의 체계화,
사업부별 독자적인 디지털화
지원)

40% 이상의 선도 업체는
이미 built-in & mature한
디지털 조직 구축

*출처: Grebe, M., Rüßmann, M., & Leyh, M. Beyond the Hype. –The Real Champions of Building the Digital Future

디지털 혁신은 디지털 혁신 과제에 대한 성공 경험을 어떻게 조직 내에 전파해 확산하느냐가 성공의 관건이다. 동시에 외부에 의지하지 않고 내부적으로 스스로 디지털 혁신을 수행할 수 있는 역량과 자산을 마련하는 게 핵심이다. 디지털 혁신은 긴 여정이다. 앞서 언급했던 디지털 혁신의 대표적인 성공 사례로 언급한 캐피털원도 2011년부터 지금까지 세 차례에 걸쳐 디지털 혁신을 진행 중이다. 1962년부터 우리나라는 경제를 한 단계 진일보시키기 위해서 1~4차 경제개발 5개년 계획을 추진했고, 성장 위주 경제 정책과 수출 주도형 성장 전략이 기틀을 마련해 현재 고도의 경제 성장을 이루는 데 밑거름 역할을 했다. 디지털 혁신 여정도 멈추지 않고 계속 해야 하며 일회성으로 그쳐서는 안 된다. 이런 긴 여정을 준비하기 위해서는 사전에 내부 임직원 대상으로 한 디지털 교육, 경쟁사 · 선도사와 비교하는 디지털 수준 진단을 기본적으로 진행해야 하며, 디지털 기업의 조직 특성에서도 언급했듯이 명확한 디지털 전략과 비전을 수

립한 이후에는 주저하지 말고 '작은 시작(Small Start)'으로 추진해야 한다.

기존의 기업 혁신 방법론과 달리 디지털 혁신은 1) 정형화된 보고 양식에 따라서 경영진에게 보고하는 형식(Rigid)에서, 보고 절차의 유연성 및 보고 계층 구조의 완화로 신속한 의사결정이 주요 마일스톤별로 이뤄지는 애자일 방식으로 전환돼야 한다. 2) 불확실성과 리스크를 감당하지 않으려는 보수적인 자세에서, 리스크를 포용하고 'Fast fail', 'Test & Learned' 사고 방식을 장려해야 한다. 3) 해당 과제가 특정 부서에서 자체적으로 진행하는 혁신 과제가 아니라, 혁신은 고객 관점에서 고민하고, 고객 경험 만족을 최우선으로, 모든 조직이 상호 협력하는 방식으로 진행돼야 한다. 4) 혁신 과제의 진도 관리를 위한 중앙 집권적인 PMO가 아닌, 유연한 형태로 관련 주요 의사 결정자가 모여서 바로 의사결정을 하는 분권화된 혁신 과제 관리 방법론이 필요하다(표 7).

결론적으로 디지털 혁신은 종래의 식스 시그마 혹은 PI(Process Innovation)와 같은 기업 혁신 활동과는 다르며, 전문화된 디지털 인력의 충원 및 육성뿐만 아니라, 전반적인 조직 문화 및 일하는 방식의 변화가 동반되지 않으면 실패할 가능성이 매우 높다.

표 7 전통적인 기업 혁신 방법론 VS 디지털 혁신 방법론의 차이

기존 체계	디지털 혁신을 위한 혁신 체계
Rigid	Agile
Risk averse	Experimentation
Siloed	Collaborative
Central steering	Decentral steering

디지털 혁신의 성패는 디지털 혁신 수행 인력의 내재화 및 일하는 방식의 변화에 달려 있다. 이미 디지털 혁신 성공을 경험하고 확산(Scale-Up)을 고민하는 디지털 혁신 선도 기업은 다음 단계, 즉 디지털 혁신의 내재화 및 상시화를 위해 노력하고 있다. 하지만 디지털 혁신의 내재화 1차 조건인 우수한 디지털 인재의 채용 및 인력의 내재화는 쉽지 않은 상황이다. 기업의 눈높이에 맞는 디지털 인력 확보가 어려운 것이 현실이다. 하지만 이것이 디지털 혁신의 걸림돌이 되지 않도록 현재 추진하는 디지털 과제 내용과 내부 조직적 역량을 면밀히 분석해 인소싱(내재화)과 아웃소싱을 구분하고 다양한 외부 협력업체를 통해 디지털 신기술·솔루션·클라우드 등의 인프라를 활용하는 방안이 종합적으로 검토되어야 한다. 하지만 외부 인력의 의존도를 높이는 것은 임시방편이며, 디지털 혁신은 긴 여정이므로, 장기적인 디지털 혁신을 위해 내부 조직을 학습 조직으로 전환하고 내부 디지털 인력을 내재화하는 것이 필수적이다.

↻ 사례 18 | 학습 조직으로 전환의 Best Practice, 마이크로소프트

마이크로소프트는 한때 Windows와 Office를 중심으로 한 PC 기반 운영체계와 생산성 소프트웨어 기업이었으나, 현재는 기업의 디지털 혁신을 지원하는 클라우드(Azure), AI·머신러닝, 데이터 분석, 협업 솔루션 등 폭넓은 소프트웨어와 인프라를 제공하는 글로벌 기술 기업으로 변모했다. 제품 포트폴리오의 전환에 그치지 않고, 마이크로소프트 스스로도 조직·문화·기술 전반에 걸친 디지털 혁신을 지속적으로 실행해 왔다는 점이 특징적이다. 특히 OpenAI와의 전략적 파트너십을 기반으로 생성형 AI 분야에서 주도적인 위치를 확보하며, AI 시대를 대표하는 기술 리더로 자리매김하였다. 이러한 변화의 결과, 마이크로소프트는 2025년 11월 말 기준 세계 시가총액 약 3.7조 달러 수준으로 글로벌 주식시장에서 가장 가치 있는 기업 Top 5 중 하나로 평가되고 있다. 이는 단기적인 기술 트렌드의 수혜라기보다, 장기간에 걸친 제품 포트폴리오 재편과 디지털 혁신 전략이 시장 가치로 축적된 결과라 할 수 있다.

같은 시점에서 글로벌 시가총액 상위 5개 기업을 살펴보면, 대부분이 디지털·테크놀로지 기업으로 구성되어 있다. 이들 가운데 Apple과 Microsoft는 1980년대에 이미 상장한 전통 있는 기업이지만, 오늘날의 기업 가치와 시장 지위는 2000년대 이후 이루어진 디지털 전환과 기술 중심 전략의 성과에 기반하고 있다. Amazon은 1997년 상장 이후 전자상거래와 클라우드로 성장했으며, Alphabet 과 NVIDIA 역시 각각 2004년과 1999년 상장 이후 AI, 클라우드, 반도체라는 핵심 디지털 기술 영역에서 급격한 성장을 이루며 시가총액 상위권으로 도약하였다. 특히 마이크로소프트는 20여 년 전에도 이미 시가총액 상위 기업이었음에도 불구하고, 클라우드와 AI를 중심으로 스스로를 재정의하는 데 성공함으로써 오늘날까지 Top 5 기업의 위치를 유지하고 있다는 점에서, 장수 기업이 어떻게 AI 시대에도 경쟁력을 유지할 수 있는지를 보여주는 대표적인 사례로 평가된다. 이는 디지털 혁신의 본질이 '언제 상장했는가'가 아니라, 환경 변화에 맞춰 기업의 정체성과 실행 방식을 얼마나 지속적으로 재설계할 수 있는가에 있음을 시사한다.

그렇다면 이러한 장기적 재정의는 어떻게 가능했을까. 그 핵심 원천은 마이크로소프트가 단순한 기술 기업을 넘어 학습 조직(Learning Organization)으로 전환했다는 점에서 찾을 수 있다. 마이크로소프트는 eBook, 대학원(MBA) 수준의 교육 콘텐츠, 내부에서 자체 제작한 기술·리더십 교육 프로그램은 물론, Azure 클라우드와 AI 관련 자격증 교육에 이르기까지 폭넓은 학습 체계를 구축해 왔다. 그러나 중요한 점은 교육 콘텐츠의 양이 아니라, 학습이 실제 성과·역량 평가·경력 성장과 직접적으로 연결되는 제도적 구조다. 마이크로소프트는 임직원이 새로운 기술과 역량을 학습하지 않으면 성과를 내기 어려운 구조를 만들었고, 이를 통해 개인의 학습이 곧 조직의 기술 전환 속도로 이어지도록 설계했다. 이러한 학습 조직 체계는 클라우드와 AI 중심의 제품 포트폴리오 전환을 가능하게 했고, 결과적으로 시장 가치의 지속적인 재평가로 연결되었다.

학습 조직으로 변환을 위한 인사 제도 시스템 지원 – 'Connect (마이크로소프트 성과 개발 툴)' 활용

마이크로소프트 커넥트 툴(Connect Tool)에 들어가 매니저와 1:1 미팅을 하기 전에 팀원은 기본 미팅 논의 자료를 작성해야 한다. 첫 번째로는 회사가 강조하는 'Core Priorities'와 관련한 특정 영역에서 어떤 비즈니스 효과를 조직 내에서 발현할 것인지 계획을 적는 것이고, 두 번째는 지난 커넥트 이후 비즈니스에 기여한 사례를 2~3가지 적어야 한다. 세 번째는 앞으로 창출할 주요 결과물은 무엇이며 그 비즈니스 효과는 어떤 것인지, 성장하기 위해서 추가로 발전시켜야 하는 경험이나 스킬(Skill)에 대해 정리해야 한다. 마지막으로 스킬 개발(Skill Development)을 위해서 회사가 제공한 교육이 있다면 교육 프로그램을 적시하고 매니저와 팀원의 성취도에 대해서 주기적으로 논의한다.

다양한 러닝 콘텐츠 제공 및
개인 대시보드(Dashboard)를 통한 확인

마이크로소프트에서는 이수해야 할 교육의 마감 시점이 임박하면 해당 직원에게 이메일이 발송된다. 만약 마감 시점까지 교육을 이수하지 않으면 매니저가 그 정보를 공유해 팀원이 반드시 교육을 마치도록 독려한다. 그리고 모든 직원이 이수해야 할 교육은 조직별 교육 현황 이수율을 점검해 관리하고 있다. 마이크로소프트 직원에게는 필수적으로 들어야 할 교육 프로그램과 개인이 맡은 역할에 맞는 추천 교육 콘텐츠가 주어진다. 추천 교육 콘텐츠는 본인과 유사한 역할을 맡은 사람들이 주로 수강한 교육 콘텐츠를 AI가 추천한다. 많은 교육 콘텐츠를 제공하지만, 실제로 들을 시간이 부족할 수 있으므로 한 달에 한 번씩 금요일 오후를 러닝 데이(Learning Day)로 정해 업무 시간 중에 교육을 받을 수 있도록 배려하고 있다.

디지털 혁신 환경을 위한 필수 인프라
– 일하는 문화 혁신 그리고 조직 문화의 변화

기업이 양질의 인적 자원 선발을 위해 시간과 비용을 들여도 인재를 찾기가 쉽지 않다. 또 조직 내부에서 육성한 디지털 인력이 영원토록 조직 내에 있을 거라는 기대는 일찌감치 버리는 것이 좋다. 디지털 인재들이 원하는 것은 자기 발전의 기회를 회사가 제공하는 것이다. 따라서 교육 프로그램의 제공 및 성과 개발 프로그램의 도입이 필수적이고 애자일 방식으로 업무 협업 방식도 개선돼야 한다. 우수한 디지털 인재를 조직 내에 보유하기 위해서는 인력 유지를 위한 보상 체계도 달라야 하며, 디지털 인력이 기업 내 외계인이 되지 않도록 기존 전통 인력과 상호 존중하는 문화 속에서 주도적으로 일하고 협업할 수 있도록 조직 구성이 뒷받침돼야 한다.

앞서 디지털 혁신의 대표 사례로 언급했던 캐피털 원도 외부 양적으로 성장한 디지털 인력이 기존 전통 조직과의 마찰로 인해 퇴사하는 문제를 차단하기 위해 노력했다. 2011년 초창기 1단계 디지털 혁신 단계에서는 CIO 하부에 디지털 조직을 두고 점차 디지털 조직을 확대해 나가는 전략으로 조직을 단계적으로 변화시켜 왔다.

마이크로소프트는, 애저(Azure)라고 불리는 클라우드 인프라, 팀즈(Teams)라는 협업·화상 회의 솔루션뿐만 아니라, 원노트(One Notes), 원드라이브(One Drive) 등 많은 협업 도구 및 인프라를 기업 고객에게 제공하지만, 마이크로소프트 내부처럼 잘 활용하는 기업은 아직 보지 못했다. 똑같은 제품·솔루션을 제공해도 어떻게 쓰느냐는 결국 사람에게 달려 있으며, 활용하는 문화가 어떤가에 따라 다르기 때문이다. 화상 회의 문화를 정착시키기 위해서 CEO가 솔선수범해서 화상 회의에 들어오는 경우도 봤다. CEO가 직접 화상으로 들어오는데, 다른 임원이 사무실에서 대면 미팅을 하는 경우는 많지 않을 것이다. 즉, 디지털 혁신은 '기술 혁신'이 아니라 '조직 문화 혁신'이자 '일하는 방식의 변화'이며 '학습 조직으로의 전환'이 이뤄지지 않으면 절대로 성공할 수 없다는 것이다.

결론 및 시사점

디지털 혁신의 효과적인 실행 전략은 기업이 처한 비즈니스 모델과 혁신의 초점에 따라 달라질 수밖에 없다. 디지털 혁신에는 단 하나의 정답이나 보편적 방법론이 존재하지 않으며, 오히려 잘못된 유형을 선택할 경우 기술과 자원, 조직의 에너지를 소모한 채 의미 있는 성과를 만들지 못하는 경우가 반복된다.

먼저 새로운 비즈니스 모델을 고객가치(Value) 혁신 중심으로 디지털 혁신을 추진하는 경우, 기존 조직과 분리된 완전한 별도 조직을 통해 디지털 혁신을 실행하는 방식이 가장 효과적이다. 새로운 비즈니스 모델은 기존 핵심 사업과는 다른 속도, 다른 인력 구성, 다른 의사결정 구조를 요구한다. 이러한 상황에서 기존 조직 내부에서 디지털 혁신을 추진할 경우, 우선순위에서 밀리거나 기존 관행에 발목 잡히기 쉽다. Qantas Assure나 현대자동차그룹의 SDV 전략에서 확인할 수 있듯이, 이 유형에서는 새로운 디지털 기초체력을 갖춘 조직과 인적 자원을 중심으로 명확한 비전과 목표를 설정하고, CEO의 강력한 지원 아래 신속한 의사결정을 가능하게 하는 구조가 필수적이다.

반면 새로운 비즈니스 모델을 비용 운영 중심으로 디지털 혁신을 추진하는 경우에는, 단기적인 분리보다는 내부 디지털 기초체력의 축적이 디지털 혁신의 출발점이 된다. BBVA 사례에서 보듯이, 기존 업무와의 시너지를 고려하면서 신규 비즈니스 모델의 혁신 DNA를 조직 전반에 이식하기 위해서는, 내부 디지털 전문 인력과 외부에서 영입한 디지털 인재를 통합하고, 이를 중심으로 단계적인 전사 디지털 혁신을 추진하는 방식이 효과적이다. 이 유형의 핵심은 빠른 가시적 성과보다, 향후 다양한 디지털 혁신을 가능하게 할 실행 역량을 조직 내부에 축적하는 데 있다.

기존 비즈니스 모델을 고객가치(Value) 중심으로 디지털 혁신하고자 하는 경우에는, 고객 경험의 불편한 근본 원인을 발굴하는 것에서 디지털 혁신을 시작하는 접근이 효과적이다. 고객 여정을 기준으로 디지털 혁신을 설계하고, 이를 내부 운영 프로세스 개선으로 점진적으로 확장하면서 조직·인력·IT·데이터·디지털 생태계를 함께 정비하는 방식이다. 이 접근은 고객 만족도 향상과 운영 효율 개선을 동시에 달성할 수 있으며, 기존 사업을 유지하면서도 경쟁력을 재정의할 수 있는 현실적인 대안이 된다.

마지막으로 기존 비즈니스 모델을 비용 운영 중심으로 디지털 혁신을 추진하는 경우, 특히 조직 내에 디지털 혁신에 대한 회의적이거나 부정적인 인식이 강한 상황에서는 운영 효율 및 의사결정 고도화형 디지털 혁신이 가장 현실적인 출발점이 된다. 이 유형에서는 전사적 변화를 선언하기보다, 비즈니스 효과가 명확한 핵심 과제부터 디지털 기술로 해결하고, 그 성공 사례를 조직 내부에 확산시키는 것이 중요하다. 작은 성공을 통해 디지털 혁신의 필요성과 가치를 구성원들이 체감하게 만들 때, 이후 보다 확장된 디지털 혁신으로의 전환이 가능해진다.

비록 이 네 가지 디지털 혁신 유형은 서로 다른 실행 방식을 요구하지만, 성공을 좌우하는 공통 조건은 명확하다. 첫째는 디지털 혁신이 무엇을 위한 것인지에 대한 분명한 비전과 목표다. 둘째는 CEO와 중간관리자가 하나의 방향성을 공유하며 지속적으로 혁신을 추진하는 강력한 리더십이다. 디지털 혁신이 일회성 IT 프로젝트나 단기 비용 절감 과제로 인식되는 순간, 그 혁신은 실패할 가능성이 급격히 높아진다.

다수의 실패 사례와 선행 연구에서도 디지털 혁신의 실패 원인은 기술이 아니라 리더십 부재, 조직 역량 부족, 변화에 대한 저항, 자원 배분의 미흡, 거버넌스의 부재로 귀결된다. 마이크로소프트의 사례가 보여주듯, 성공적인 디지털 혁신은 상징적인 변화를 조직 내에 만들고 그 효과를 확산시키며, 디지털 기술을 변화 관리의 도구로 활용하고, 무엇보다 CEO와 중간관리자가 하나의 의지로 혁신을 지속적으로 실행하는 데서 비롯된다(그림 64).

 마이크로소프트 디지털 혁신 핵심적인 교훈들

핵심적인 교훈들

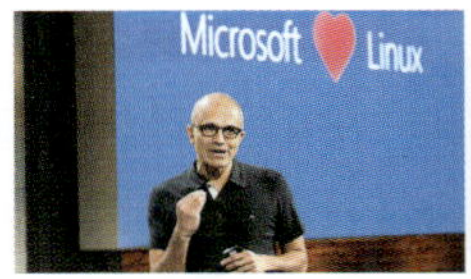

크고 작은 상징적인
변화들을 만들어라

변화를 가속화 시키기 위한
기술을 최대한 사용하라

겸손하라,
그리고 지속하라

결국 AI 시대의 디지털 혁신은 **기술의 문제가 아니라 실행 구조와 조직 문화의 문제다.** 생성형 AI, 데이터, 자동화 기술은 이미 성숙 단계에 접어들었고, 어떤 기술을 도입했느냐가 경쟁력을 가르는 시대는 지났다. 진정한 차이는 **AI와 데이터를 조직 전체의 의사결정과 업무**

방식, 고객 경험 속에 얼마나 빠르고 안정적으로 내재화하고 확산시키는 가에서 발생한다.

AI시대의 디지털 혁신이 실패하는 기업의 공통점은 AI를 단순한 도구로만 인식하고 조직 구조·권한·평가 체계·의사결정 방식은 그대로 둔 채 기술만 얹으려 한다는 점이다. 이런 경우 AI 프로젝트는 파일럿이나 일부 부서의 실험으로 끝나버린다. 반면 선도 기업들은 AI를 '조직의 실행 방식'을 바꾸는 촉매로 보고, 비즈니스 모델에 맞는 디지털 혁신 유형을 정확히 선택하여 실행한다. 즉, 기술을 접목한 후의 학습과 실행 구조, 그리고 명확한 비전과 강력한 리더십이 성공을 좌우한다.

또한 AI 시대의 디지털 혁신은 실행 구조와 리더십뿐 아니라 AI 윤리, 데이터 거버넌스, 개인정보 보호 등 새로운 리스크를 수반한다. 기술이 만들어낼 수 있는 편향과 부작용을 관리하고, 지속 가능한 디지털 생태계를 구축하기 위한 규제 대응과 파트너 협업 전략도 점점 중요해지고 있다. 혁신을 일회성 이벤트로 끝내지 않고 상시화·내재화하기 위해서는 조직 학습 시스템과 데이터 기반 의사결정 문화를 구축해야 한다.

AI 시대의 디지털 혁신은 더 이상 선택사항이 아니다. 하지만 어떤 방식과 순서, 어떤 유형을 선택해 실행할지는 전적으로 경영자의 선택에 달려 있다. 다음과 같은 질문을 스스로 던져보라.

우리 조직은 AI를 어떤 비즈니스 문제를 해결하기 위해 활용하고 있는가?

새로운 AI 기반 비즈니스를 추진하면서도 기존 조직 안의 속도와 인재 확보에 발목 잡히고 있지는 않은가?

AI를 활용한 업무 혁신을 말하면서도 이를 실행할 디지털 기초체력과 데이터 역량은 충분히 준비돼 있는가?

고객 경험을 AI로 개선하겠다면서, 정작 고객 여정과 내부 프로세스는 여전히 부서 중심으로 분절돼 있지 않은가?

AI 혁신을 선언했지만 조직 내 저항과 피로감 속에서 실행이 멈춰 있지는 않은가?

더 본질적인 질문은 이것이다. AI 혁신이 명확한 우선순위와 자원 배분, 그리고 중간관리자와 하나로 연결된 실행 의지 아래에서 실제로 '확산되고' 있는가? AI를 일회성 실험으로 끝낼 것인가, 아니면 조직이 스스로 학습하고 진화하는 새로운 경쟁력으로 만들 것인가는 지금 당신의 선택에 달려 있다.

고광범(2021). 한 권으로 끝내는 디지털 경영. 서울: 넥서스 비즈.

김위찬, Renee Mauborgne(2017). 블루오션 시프트경쟁 없는 새로운 시장으로 이동하는 법. 서울: 비즈니스북스.

김현기(2017. 2. 22). 트레이더, 600명에서 2명으로⋯IT 기업된 골드만삭스. 조선일보. https://biz.chosun.com/site/data/html_dir/2017/02/20/2017022002225.html

노정동(2022. 4. 20). 현대차그룹, 전기차 초고속 충전기 5000기 설치한다. 한국경제. https://www.hankyung.com/article/202204208924g#:~:text=현대차그룹

박순찬(2013. 3. 29). 이제, 책은 '터치'다. 조선비즈. https://biz.chosun.com/site/data/html_dir/2013/03/28/2013032802590.html

신윤호(2022. 9월호). 현대車, 2025년까지 전 차종 'SDV' 전환. Autonomous & New Mobility. https://www.autoelectronics.co.kr

신정은(2024. 5. 3). '자율주행' 승부수⋯현대차, 모셔널 품었다. 한국경제. https://www.hankyung.com/article/2024050358781#:~:text=사진=한국경제

안희정(2024. 4. 26). 플랫폼 곳곳에 쓰이는 AI⋯"삶이 더 편해진다". ZDNet korea. https://zdnet.co.kr/view/?no=20240414113424

유한일(2023. 8. 2). 카카오뱅크, 상반기 영업익 역대 최대⋯고객 2174만명 돌파. news2day. https://www.news2day.co.kr/article/2023

0802500021

장영은(2020. 5. 28). 사티아 나델라 "코로나19, 2년 걸릴 디지털전환 2개월로 단축". 이데일리. htps://www.edaily.co.kr/news/read?newsId=03854006625773512

장지민(2019. 12. 10). 골드만삭스 AI '워런', 애널리스트 15명이 4주 할 일 5분 만에 처리. 한경 비즈니스. https://magazine.hankyung.com/business/article/201912104061b

정연우(2022. 5. 22). 현대차그룹, 美 인프라 투자로 'UAM · 자율주행차' 추진 원동력 얻는다. 아주경제. https://www.ajunews.com/view/20220519183529522#:~:text=현대자동차그룹

존 칠드러스(2020). 컬처 레버리지. 서울: 예미.

테크플러스(2020). [CES 2020] 현대자동차와 우버⋯손잡고 '플라잉 카' 만든다.

테크플러스(2020). [CES 2020] 현대자동차와 우버⋯손잡고 '플라잉 카' 만든다. https://blog.naver.com/tech-plus/221763756912

현대자동차(2024). CES 2024: SDV 전기 · 전자 아키텍처 및 SDV 핵심 기술 공개. 현대월드와이드. https://www.hyundai.com/worldwide/ko/brand-journal/mobility-solution/sdv#:~:text=CES%2020

Bertoni, S. (2014). Goldman Sachs Leads $15 Million Investment In Tech Start Up Kensho. https://www.forbes.com/sites/stevenbertoni/2014/11/24/goldman-sachs-leads-15-million-investment-in-tech-start-up-kensho/?sh=5ed0b14f1b48

Busalova, S. G., & Bazarnova, E. S. (2024). Building ecosystems as a modern trend in the digital transformation of banking business. Finance and Credit, 30(2), 418-434. DOI:10.24891/fc.30.2.418

Chakraborty, S., Charanya, T., de Laubier, R., & Mahesh, A. (2020). The Evolving State of Digital Transformation. Boston Consulting Group. https://www.bcg.com/publications/2020/the-evolving-state-of-digital-transformation

Contributor, C. H. (2017). Stuffed Giraffe Shows What Customer Service Is All About. https://www.huffpost.com/entry/stuffed-giraffe-shows-wha_b_1524038

Epic(2023). Epic and Microsoft Bring GPT-4 to EHRs. https://www.epic.com/epic/post/epic-and-microsoft-bring-gpt-4-to-ehrs/

Gallo, C. (2013). The Apple Experience. Camimine Gallo.

Golson, J. (2016). Tesla owners who leave cars at Superchargers after charging will pay $0.40/minute. https://www.theverge.com/2016/12/16/13990854/tesla-supercharger-electric-fee-model-s-parking

Grebe, M., Rüßmann, M., & Leyh, M. (2017). Beyond the Hype. -The Real Champions of Building the Digital Future-. Boston Consulting Group. https://www.bcg.com/publications/2017/technology-digital-beyond-hype

GSA(July, 2015). LTE: GSA Evolution to LTE Report. Global mobile Suppliers Association. https://gsacom.com/paper/evolution-to-lte-report-july-2015/

Gupta, S., Biswas, H., & Vaddepalli, S. (2024). AI-led Generative

Business Services: The future of Global Business Services(GBS). Capgemini. https://www.capgemini.com/wp-content/uploads/2024/09/HFS-MIR-2024-the-future-of-gbs.pdf

Investor Relations(2024). Stock Price. https://investor.apple.com/stock-price/default.aspx

Lars, H., & Johansson, J. (2022). A Retrospective Study of 360 Digital Transformations and a Combined Prospect Theory. Academy of Management Proceedings. DOI:10.5465/AMBPP.2022.17495abstract

Oberländer, A. M., Karnebogen, P., Rövekamp, P., Röglinger, M., & Leidner, D. E. (2024). Understanding the influence of digital ecosystemson digital transformation: The OCO (orientation, cooperation, orchestration) theory. Information Systems Journal Early View, July, 1-46. DOI: 10.1111/isj.12539

Pstag(2016. 6. 9). Apple, 새로운 앱 스토어 운영방식 공개. https://m.blog.naver.com/pstag/220731700431

Rachinger, M., Ropposch, C., & Vorraber, W. (2024). Digitalization and its influence on business model innovation. Journal of Manufacturing Technology Management, 30(3), 15-26. DOI:10.1108/JMTM-01-2018-0020

Redmond, W. (2013. 9. 3). Microsoft to acquire Nokia's devices & services business, license Nokia's patents and mapping services. Microsoft News Center. https://news.microsoft.com/2013/09/03/microsoft-to-acquire-nokias-devices-services-business-

license-nokias-patents-and-mapping-services/?msockid=06067
9eb1005686913fa6a8a14056684

Reuter, E., & Floyd, S. (2023). Strategic leaders' ecosystem vision formation and digital transformation: A motivated interactional lens. Strategic enterpreneurship journal, 18, 103-127.

Rowan, D. (2020). What is Qantas Insurance?. (김문주 옮김). 서울: 쌤 앤파커스.

Syed, S. (2022). How to succeed in a data-driven digital transformation. Capital One. https://www.capitalone.com/software/blog/digital-transformation

Tretyakova, I., Kolmykova, T., Serebryakova, N., O. Astapenko, E., & Kotsyurko, E. (2024). E3S Web of Conferences2024, Business, Economics, Computer Science, 549, 1-7. https://doi. org/10.1051/e3sconf/202454909006

Verina, N., & Titko, J. (2019). Digital transformation: conceptual framework. International Scientific Conference, 719-724.

AI 대전환 시대의 디지털 경영

초판발행	2026년 4월 10일
지은이	고광범
펴낸이	안종만·안상준
편 집	소다인
기획/마케팅	최동인
표지디자인	BEN STORY
제 작	고철민·김원표
펴낸곳	(주) **박영사**
	서울특별시 금천구 가산디지털2로 53, 210호(가산동, 한라 시그마밸리)
	등록 1959. 3. 11. 제300-1959-1호(倫)
전 화	02)733-6771
f a x	02)736-4818
e-mail	pys@pybook.co.kr
homepage	www.pybook.co.kr
ISBN	979-11-303-9801-3 03320

copyright©고광범, 2026, Printed in Korea

* 파본은 구입하신 곳에서 교환해 드립니다. 본서의 무단복제행위를 금합니다.

정 가   18,000원